数 字 媒 体 艺 术 设 计 系 列 教 材

数字视频设计表达

DESIGN OF DIGITAL VIDEO

曾真 编著

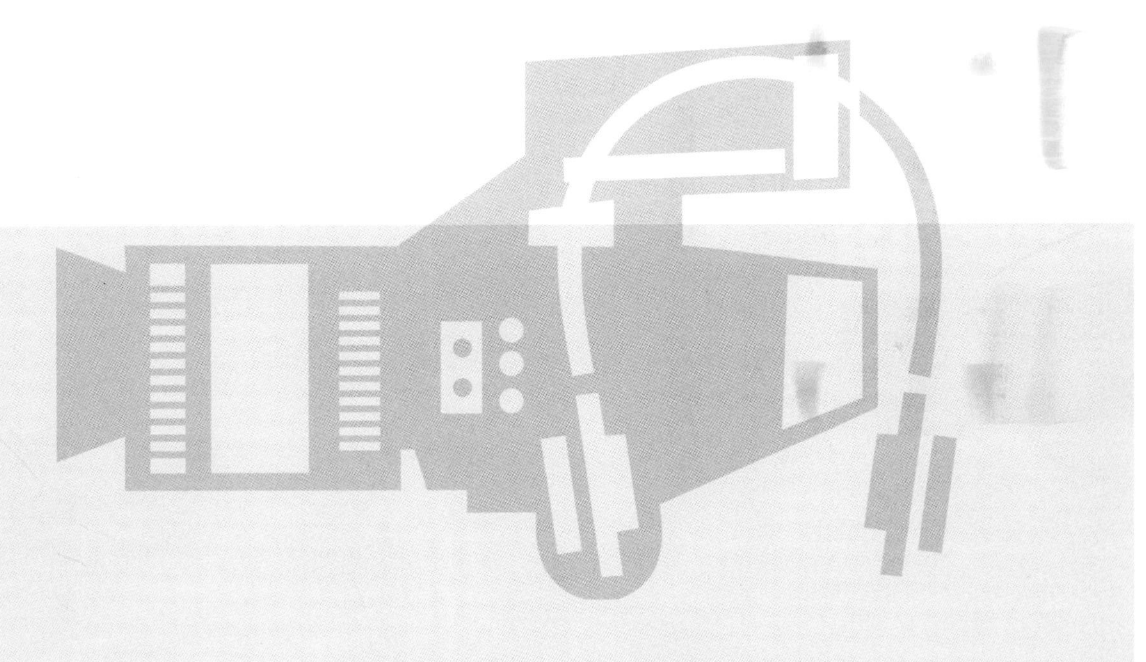

西南师范大学出版社

图书在版编目(CIP)数据

数字视频表达设计/ 曾真编著. — 重庆：西南师范大学出版社，2009.7
(数字媒体艺术设计系列教材)
ISBN 978-7-5621-4542-4

I.数… II.曾… III.视频信号-数字技术-应用-传播媒介-研究 IV.G206.2

中国版本图书馆CIP数据核字(2009)第103714号

丛书策划：李远毅　王正端

数字媒体艺术设计系列教材
主编：罗力
数字视频设计表达　曾真　编著

责任编辑：戴永曦　王正端
封面设计：江　颖
版式设计：杨嘉宏
出版发行：西南师范大学出版社
地址：重庆市北碚区天生路2号　　邮编：400715
http://www.xscbs.com.cn
E-mail:xscbs@swu.edu.cn
电话：(023)68860895　传真：(023)68208984
经　　销：新华书店
排版制作：点划设计工作室
制　　版：重庆海阔特数码分色彩印有限公司
印　　刷：重庆康豪彩印有限公司
开　　本：787mm × 1092mm　1/16
印　　张：6.5
字　　数：208千字
版　　次：2009年8月　第1版
印　　次：2009年8月　第1次印刷
ISBN：978-7-5621-4542-4
定　　价：39.00元

出版、发行高校艺术设计专业教材敬请垂询选题策划中心、艺术分社

本书如有印装质量问题，请与我社读者服务部联系更换。
读者服务部电话：(023)68252507
市场营销部电话：(023)68868624　68253705
选题策划中心电话：(023)68254107
艺术分社电话：(023)68254353

序

随着时代的发展，数字媒体逐渐成为社会信息传播的主要方式。何谓数字媒体？概括地讲，数字媒体就是通过数字化设备进行信息采集、设计、制作，将图像、文字、声音等信息元素进行数字编码处理并实现数字化传播的媒体。数字媒体有三个显著的特征，一是依靠了计算机等数字化设备和技术作为信息加工的技术支撑；二是数字媒体很容易实现图像、声音、文字等信息元素的整合，形成视觉、听觉互动的立体传播效应；三是主要以数字化网络、数字化介质如光碟、U 盘等进行信息资源的传播，实现了快捷、广泛、灵活、方便的传播方式。基于这些特点，数字媒体发展速度非常快，应用领域也越来越广，成为当代社会信息传播的主要发展方向。

数字媒体作为新兴的传播媒体，具有广阔的发展前景。数字媒体方面的人才需求也成为高校关注的焦点，许多高校纷纷设立了数字媒体专业，为培养时代需求的专业人才做出了努力和贡献。但是，各高校数字媒体专业的人才培养目标及方式存在很大的差异，大致可分为五种类型：第一类是以数字媒体技术的应用与开发为重点，它往往是在计算机专业的背景下建立起来的；第二类是利用数字媒介作为艺术作品的载体，实现当代艺术表现形式的创新，主要是美术专业拓展的新媒体艺术方向；第三类是以互联网的信息资源策划、设计为主要内容，培养网站策划、网页设计的专业人才；第四类是借助了计算机多媒体的数字化平台，主要培养动画、游戏方面的专门人才；第五类是在视觉传达设计专业的基础上，为拓展数字化信息传播的新领域，培养运用数字媒体技术和艺术设计方法，进行数字化信息传播媒体艺术设计的专门人才。这套数字媒体艺术设计的系列教材，正是针对上述第五类艺术设计人才的培养，建构的较为完整的主干课程教材体系。

传统的视觉传达设计专业主要培养从事平面设计的人才，如商品包装、招贴广告、书籍装帧、印刷版式、标志符号等设计，所面对的传播媒体主要是印刷媒体。当新兴的数字媒体出现后，为加强学生社会适应能力的培养，视觉传达设计专业往往也开设了一些与数字媒体相关的课程，如数字图像设计制作、网页设计、Flash 动画等课程，但面对新的媒体仍然是沿用了平面设计的理念和方法。经过我们多年的教学与设计实践却发现：作为信息传播的平面媒体设计与数字网络、数字视频媒体设计是完全不同的概念。比如：平面设计的主要构成要素包括了图形图像、文字、色彩、二维平面构成，而数字媒体设计的构成要素往往增加了运动、时间，以及三维空间的组织结构等；平面设计的内容往往是专题性的，版式是静态的，而网络媒体的内容是多主题的，版式是动态的、互动的；平面印刷设计的色彩使用的是颜料、油墨等物质，而视频媒体运用的是色光，比颜料的色彩丰富很多，等等。因此，我们认为数字媒体艺术设计的教学一定不是传统的设计理念和方法简单地加上数字媒体技术。针对数字化的新型传播媒体，我们应该具有全新的艺术设计理念和系统的方法。组织“数字媒体艺术设计系列教材”的编写与出版，正是为了建构以数字媒体技术为支撑的视觉传达艺术设计新观念和新方法的专业课程体系，培养能够正确掌握和驾驭数字媒体艺术设计的专业人才，并通过艺术设计推动数字媒体在社会信息传播中得到更好的发展。

从以上角度来编写数字媒体艺术设计教材的在全国确属少有，我们也没有更多的参考和借鉴，并且由于数字媒体设计人群的年轻化，编写教材的作者没有太多资深的名家教授，更多的是研究生毕业不久的青年教师。虽然他们曾对教材的内容进行过专题的研究并实施了几年的教学实践，但就编写教材来讲还缺乏经验，因此，难免教材中有不尽完善之处，还请全国的同行给予宝贵的意见和建议，并殷切希望各位同行能参与到系列教材的修订与完善工作中来。但是尽管如此，我相信这套教材对于视觉传达设计范畴的数字媒体艺术设计专业的课程体系建设具有积极的作用，对于培养具有数字媒体视野和创新思维的艺术设计人才建构系统的知识和能力具有重要的引导作用。

学 术 顾 问 委 员 会

前言

对于一个处于成长阶段的设计类别而言，它的内容、范围、价值与目的等属性难免会处于一种模糊与游离的状态，如同平面设计在发展初期被看做是纯粹的装饰艺术一样，数字视频设计也常常被人们与影视艺术、动画艺术混为一谈。但是，这并不能阻挡它在数字信息时代发展的速度与广度。本书写作的初衷就是希望在模糊与游离的状态中牵出头绪，将数字视频设计与影视视听语言的概念方法区别开，梳理出相对独立的表达语言与方式，为数字视频设计的教学与设计发展尽一份绵薄之力。

让我们用这样一段话来认识数字视频设计："今天，一位经验丰富的数字视频设计师应该具备操控一系列令人迷惑的组合专业技能的能力，其中尤其包括以下能力：出版印刷设计师对于字体排版的能力，动画师对动态和时间掌控的灵气，插画师在画面风格化表现上的才气，作家或编辑所具备的叙事性技巧，作曲家对音乐的敏感度，以及对电影和现场表演的导演能力。在每一个项目中，需要这些技能进行不同的平衡。"[①]从这一系列的排比句可以看出，数字视频设计不是单纯性的设计，它在多个设计与艺术学科之间进行着穿梭转换，这种独特的多维状态造就了它对于信息传递的特殊意义，也导致了它在信息表达上的复杂性。因此，对数字视频设计表达进行归纳梳理，有利于此设计类别的深入教学与持续发展。

从数字媒体设计专业的教学体系来看，数字视频设计表达是一门重要的专业基础性课程，意在培养学生对视听要素的控制与表达能力，并形成视听综合的设计思维，为后续的电视频道包装、影视广告设计与品牌推广等课程做好铺垫与准备。

本书从视觉传达设计的角度出发，以设计表达的知识体系为构架，从语言要素、表达方法与形态风格三个方面对数字视频设计表达进行了归纳梳理，同时配合了大量的国内外设计实例，力求达到准确生动的写作效果。希望能够以此抛砖引玉，使得更多的设计与教育界的朋友对这一领域进行深入地思考与探讨。但由于笔者知识积累与教学经验有限，所思所感难免生涩偏颇，疏漏之处望各位专家与同行不吝指正。

① SPENCER DRATE/DAVID ROBBINS/JUDITH SALAVETZ.MOTION BY DESIGN.LAURENCE KING PUBLISHING，2006

目录

第一章　概述

第二章　数字视频设计的语言要素

第三章　数字视频设计表达与剪辑

第四章　数字视频设计的形态与风格

第一章 概述

＊ **教学目的：**

本章是全书的基础部分，通过对数字视频设计的内涵、外延与特点的阐述，使学生树立此设计类别的基本概念，并在此基础上进一步理解数字视频设计表达的内容与特性，领会整体思路，掌握课程结构，明确学习目的。

＊ **教学重点：**

教学中应该使学生充分认识到此阶段教学对于整个课程的纲领性作用，不应该仅仅停留在对单个概念的理解记忆上，而应该着重在思维上建立起数字视频设计的整体知识框架，对数字视频设计表达形成总体认识。

第一节 认识数字视频设计

一、数字视频设计的概念

数字视频设计是视觉传达设计领域中一个新兴的设计类别。从技术基础的角度来看，它是指以计算机视频技术进行信息采集、制作与传播的设计；从信息传播的角度来看，它是指以数字视频媒体为设计载体，以特定信息的有效传递为设计目的，以影像、图形、文字、运动与声音等为设计元素，以视听感知为信息传达途径的综合性设计。由于数字视频技术与信息传播方式正处于不断变化的状态之中，因此目前对数字视频设计的定义只是阶段性的认识，随着技术与传播形式的不断演变，数字视频设计的概念会具有更高的适应性与容纳性。

二、数字视频设计的应用领域

数字视频设计的应用领域由数字视频媒体扩展的范围所决定，从现阶段的发展状况来看包括了以下五个类别。网络电视与手机电视等新兴的数字视频形式已经萌芽，随着数字视频技术与传播形式的进一步发展，数字视频设计的应用领域势必会不断扩展。

1．电视频道与栏目 ID 设计

ID 是英文单词“identification”的缩写，包含“辨别、身份证”的意思。显而易见，电视频道与栏目 ID 设计就是以电视频道与栏目为设计对象，为其建立视觉识别形象的一种设计类型。它的意义在于搭建与观众之间沟通的桥梁，表达电视频道或栏目的诉求与理念，是树立与维护电视品牌形象的重要视听手段。(图 1–1–1)

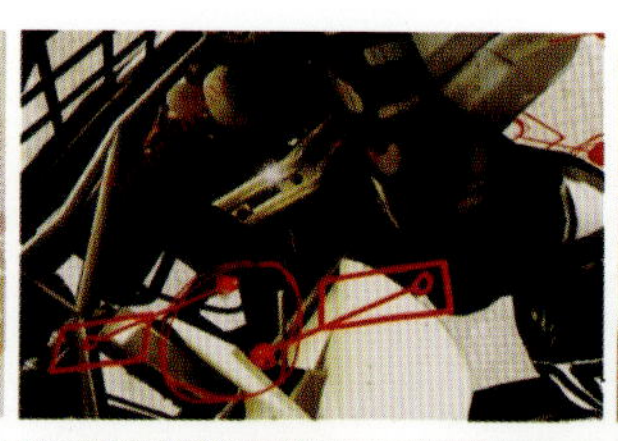

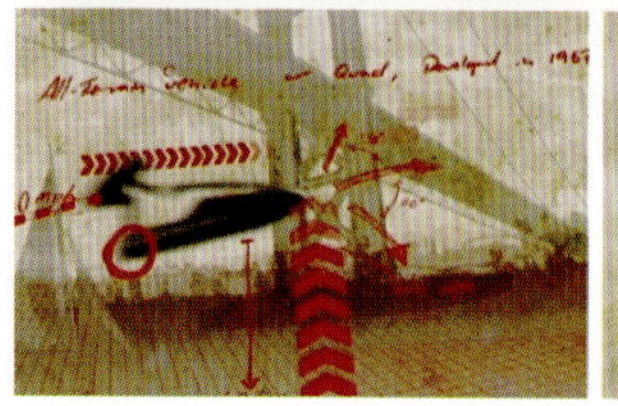

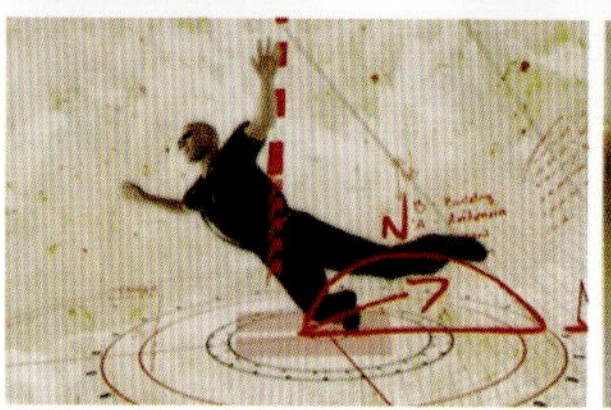

图 1–1–1 STUNT JUNKLES 栏目 ID 设计

2．电影与电视剧的片头片尾设计

电影与电视剧的片头片尾设计是一项较为特殊的数字视频设计，它是影片的报幕员，必须包括导演、编剧、演员名字与片名等众多文字信息；同时也是影片的引路员，需要起到引领观众融入影片世界的作用，在形式与风格上都应当与影片成为整体。因此，如何巧妙地处理好文字信息与其他元素的关系，并表现出影片的风格走向，是电影与电视剧的片头片尾设计的主要任务。（图 1—1—2）

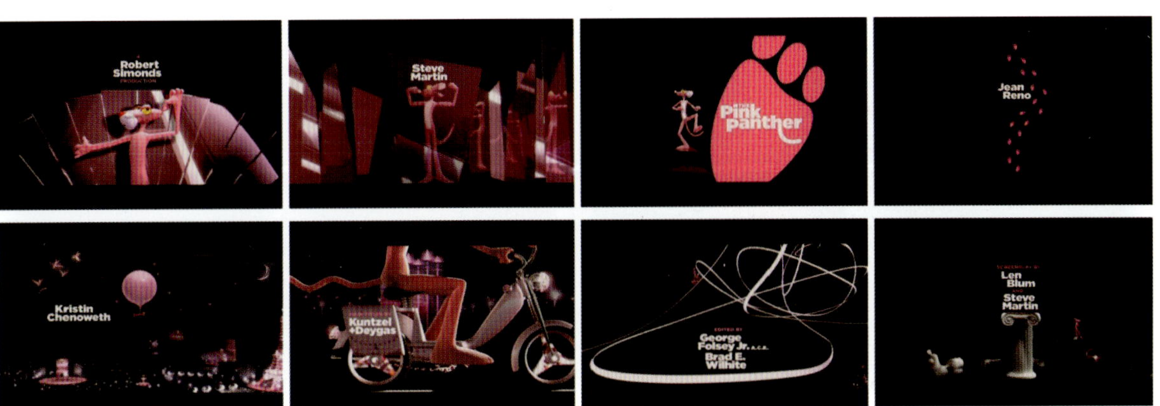

图 1—1—2　电影《粉红豹》片头设计

3．数字影视广告设计

从设计的实质来看，数字影视广告设计与传统影视广告设计没有明显差异，二者都是以商品或品牌推广为目的的设计行为。但是当我们留意可口可乐、NIKE 这些国际著名品牌的广告时，不得不承认影视广告在数字平台的支撑下摆脱了传统制作技术的限制，不再蜷曲于“影视”的外壳，融合了其他设计门类的手法与思路。创意概念更为大胆出奇，视觉形式愈加层出不穷，广告的设计语言产生了实质性的变化。（图 1—1—3）

图 1—1—3　可口可乐广告

4.MTV（音乐电视）设计

与先有画面设计再有声音配合的其他数字视频设计类型不同，MTV设计以音乐为设计对象，以表现其内在含义为设计目的，它的元素内容、视觉风格与整体节奏都以音乐的情绪与节奏为前提进行设定。在数字技术产生以前，传统的MTV通常是以单纯的影像拍摄进行表现，而建立在数字平台上的MTV设计在内容创意与形式表现上都有了突破性的发展，具有多样化的设计特点。

5.形象推广片设计

形象推广片设计的定义比较宽泛，任何以推广宣传某特定对象的形象为设计目的的视频设计都可以归入其中。常见的有大型活动形象推广片、企业形象推广片、公益活动推广片等等。(图1–1–4)

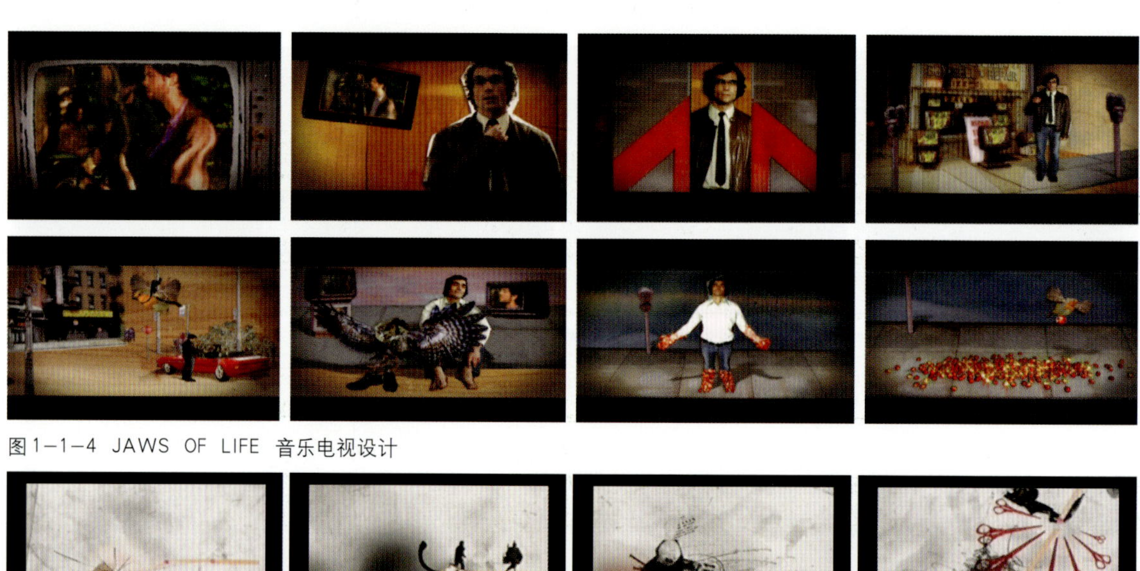

图1–1–4 JAWS OF LIFE 音乐电视设计

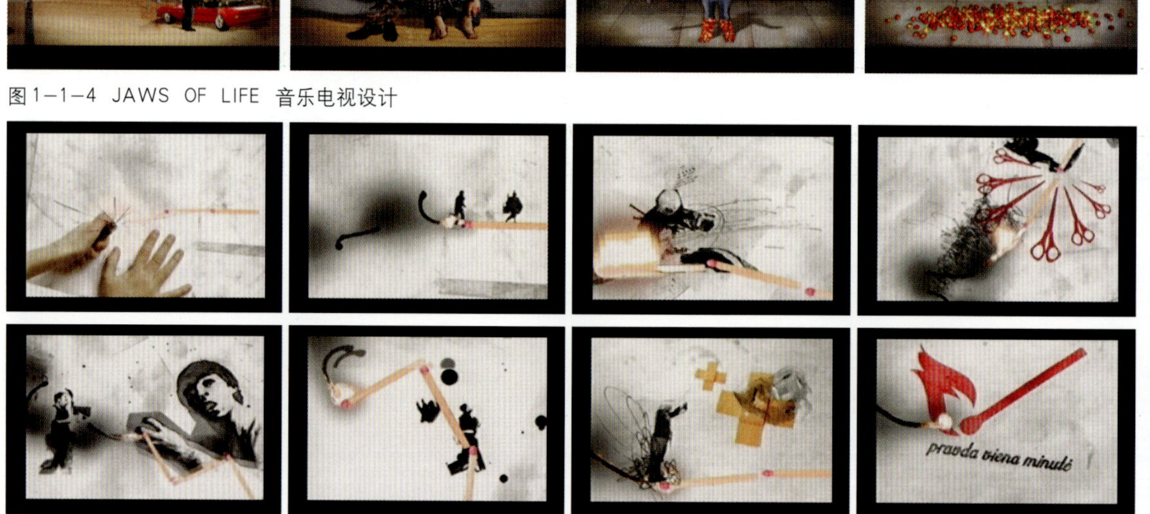

图1–1–5 One Minutes File Festival（一分钟电影节）推广片设计

三、数字视频设计的主要特点

1. 低成本特点

数字视频设计的信息传递除了最初的硬件投入以外，从采集、制作、输出到发布的整个流程，在很长时间里几乎不需要额外的介质成本。特别是与印刷品所依托的纸质媒介相比，数字视频所依托的数字媒介在一定程度上可以被无限制的重复使用，从而降低了信息传递的成本。

2．兼容性特点

数字视频设计的技术基础来源于数字“0”与“1”的编码原理，任何信息数据都可以转换成“0”与“1”的不同组合，因此数字视频设计具有强大的兼容性特点。这一方面体现在信息形态上，绘画、照片、影像、文本、声音等多种信息内容可以通过数字编码转化为数字信号，跨越原有介质之间的界限，实现多种信息的集合。

另一方面体现在传播载体上，数字信息可以统一原本各不相同的技术标准。例如模拟电视信号具有不同的制式而且采用复合的YUV信号方式，而计算机在RGB空间工作；传统电视机是隔行扫描，计算机显示器大多逐行扫描等等。这些技术原理上的壁垒不仅使设计工作困难重重，同时也降低了信息在各种媒体之间转换的快捷性。而数字视频设计，由于基于相同的数字信号，因此可以轻松地实现信号对接，很大程度地提高了信息转换与传输的效率。

3．多维性特点

数字视频设计兼容了多种信息形态与传播形式，与此同时也就相应的提供了多维的视听体验与信息渠道。在视听体验上，由于影像、图形、文本、声音等元素的综合作用，可以形成多种维度的视觉感受，多通道的声音效果，以及视听感知共同创造的广阔想象空间。在传播形式上，数字视频设计覆盖了数字电视、计算机网络视频、手机视频等媒体，由于这些媒体针对了不同的受众、行业与地域，因此能够确保信息在多个层面与途径上同时传递，大大增强了信息投射的力度与强度。可见，数字视频设计具备了以往任何一种设计形态都不曾有过的吸引力与影响力。

第二节 认识数字视频设计表达

一、数字视频设计表达的内容

1．语言要素

数字视频设计的语言要素是设计的基础单位，由于数字视频设计独特的兼容性特点，数字视频设计的语言要素大致可以分为：镜头语言——视听信息的感知方式，包括景别、视点、构图与镜头运动；视觉语言——引起视觉感知的元素，包括形态、色彩、光影与运动；听觉语言——引起听觉感知的元素，包括音乐、音响与言语。三种语言要素不仅互为支撑，而且相互渗透。

2. 表达方法

如果说镜头语言、视觉语言与听觉语言是设计者与观众交流的语言要素，那么把这些要素组接成句成段，并最终形成能够完整表意的剪辑手段就是数字视频设计的表达方法。谈到这里，或许有人要问这与电影电视的叙述与表现手段——蒙太奇（montage）有何不同。我们不得不承认由于电影电视与数字视频设计在媒介属性上具有相似性，使得蒙太奇与数字视频设计表达的方法在基本属性上确有一定的相通之处，但是由于表达目的的不同，二者表达的方式还是存在本质差异。

电影电视以情节表现与故事叙述为目的，因此蒙太奇具有较强的条理性与逻辑性，不能为了强调形式的表现性而降低了叙事的流畅性。此外，电影电视拥有90分钟以上的表现时间，信息与线索繁多，使得蒙太奇的内部结构复杂。数字视频设计的设计对象较为单纯，表现时间较短（一般不会多于5分钟，电视频道ID常常只有几秒钟），必须在极短的时间内吸引观众并释放信息能量，因此数字视频设计的表达方法具有设计表达的主要特点，即以快速准确地传达设计信息为目的，更加追求形式创新性与视听冲击力。

3. 形态与风格

语言要素与表达方法是数字视频设计的基本条件，但是要形成一个能够被认可的设计作品仅仅具备基本的表达是不够的，在此基础上还必须塑造出区别于其他同类对象，具有针对性、独特性的设计形象。要实现这一目的，就务必要对表达的形态与风格进行整体的规划。虽然数字视频设计的类型多样，且各自有不同的设计对象与目的，但是由于都基于相同的语言要素与表达方法，因此其表达的形态与风格还是有一定的规律可循。

二、数字视频设计表达的特性

1. 多元性

"今天，一位经验丰富的视频设计师应该具备操控一系列令人迷惑的组合专业技能的能力，其中尤其包括以下能力：出版印刷设计师对于字体排版的能力，动画师对动态和时间掌控的灵气，插画师在画面风格化表现上的才气，作家或编辑所具备的叙事性技巧，作曲家对音乐的敏感度，以及对电影和现场表演的导演能力。在每一个项目中，需要这些技能进行不同的平衡。"①

这一系列的排比句在使我们了解到作为一个数字视频设计者必须具备的综合素质的同时，也从侧面展现出了数字视频设计表达的基本特性——多元性。这种独特的多元性反映在两个方面，一是语言要素本身的丰富性，二是语言要素可以采用各种方法进行表达的多种可能性。这不禁让人感叹数字视频设计是一个多么难以琢磨而又多么令人着迷的多面体。

2. 交叉性

当我们真正关注一个数字视频设计作品时会发现，它的表达并不是一种真正意义上的全新形态，其中的语言要素与表达方法都似曾相识，例如镜头语言来自于电影艺术；视觉语言的形态构成包含了电影电视中的影像、动画艺术中的角色、平面设计中的文字与插图等；听觉语言来自于音乐与电影等艺术；表达方法与电影电视剪辑有相似之处。因此，从设计形态的角度来看，数字视频设计将这些原本处于不同媒介中的要素交织在一起，是为了赋予他们新的功能与意义，创造出更有冲击力的视听感受。

3. 自由性

数字视频设计表达的自由性源于它的多元化特性，正是由于丰富的语言要素与可以创造多种可能性的表达方法，才让数字视频设计拥有一套能够任意妄为的“画具”，使得任何天马行空的创意点子都可以实现。另一方面，数字视频设计借助的数字拍摄、采集、制作与输出技术，突破了传统拍摄与剪辑平台的技术壁垒，那些在现实世界中不能拍摄的场景或传统技术不能制作的画面再也不会成为创意的绊脚石。

思考题：

选择一个自己很欣赏的数字视频设计作品，尝试分析它的成功之处。

举例分析影视创作与数字视频设计在表达目的与特点上的相似与不同之处。

① SPENCER DRATE/DAVID ROBBINS/JUDITH SALAVETZ.MOTION BY DESIGN.LAURENCE KING PUBLISHING, 2006

第二章 数字视频设计的语言要素

* **教学目的：**

本章通过对镜头语言、视觉语言与听觉语言三个语言类型的阐述，使学生深入掌握数字视频设计语言要素的信息传递功能、形式特点与控制方法等要点，并且能够针对不同的设计对象与设计目的选择恰当的语言要素，为基本的设计表达与综合表现打下基础。

* **教学重点：**

在本章的教学中，在了解各个语言要素属性与特点的基础上，着重掌握其在数字视频设计中的表现方法与功能，培养学生对语言要素准确的选择与控制能力。

影响人们接收与理解信息的因素来自客观与主观两个方面，一个是人们看到与听到的视听信息，另一个是人们自身所处的观看状态（由于声音表现受到听者状态的影响很小，故在此不作考虑）。例如对于同一个人物形象，仰视显得高大，俯视显得渺小，二者在形象状态与信息方向上完全不同；单一角度观看获得的信息片面，多角度观看获得的信息全面，二者在信息容量与准确性上相去甚远。

依据这样一个客观基础，数字视频设计的语言要素相应地包括了两个类型的内容，一个类型是间接的引导性要素——镜头语言，包括了景别、视点、构图与镜头运动，通过观看状态的变化影响观众对内容的感受与理解；另一个类型是直接的内容性要素——视觉语言与听觉语言，包括了形态、光影、色彩、运动、音响、音乐与言语，通过元素属性的状态与变化传递信息。

第一节 镜头语言

正如达·芬奇所说"艺术就是教导人们学会看"[①]。镜头就是要做观众的眼睛，引导人们在不知不觉中，用设计者给予的方式去观看、去理解、去认同，以此准确地完成信息传递任务。成功的镜头语言是不被察觉但却让观众沉浸其中，而要实现这种状态，就必须通过景别、视点、构图与镜头运动来恰当地控制观众与表现对象的距离、方位、动静状态等关系。

一、镜头的基本概念

1．镜头的定义

镜头是动态影像创作的基本单位，从光学拍摄来说，一个镜头是摄影机连续不断的一次拍摄结果；从数字虚拟图像的生成来说，一个镜头是没有经过修剪的一段连续数字信号；从画面呈现来说，一个镜头是没有被切断的一次连续性视觉感受。

2．镜头的构成要素

一个镜头承载的是某个空间在一段时间内的信息变化，因此构成镜头的要素来自于时间与空间两个维度：在空间上需要对景别、构图、视点与镜头运动方式进行调度；在时间上需要对镜头长度与镜头运动速度进行控制。两个维度的要素既相互支持又相互制约，设计者应该针对不同设计对象的性质进行能量权衡，充分发挥镜头的表现能力。

3．镜头的功能

（1）基本功能

镜头最基本的职能是传递信息，各种视觉词汇通过镜头的拍摄得以传达，有意识地控制镜头可以引导观众视线注意主要信息，忽略次要信息。

（2）视觉功能

动态影像创作与传统舞台表演一个明显的区别就是观看状态的多元化与多维化，传统舞台表演时观众只能在同一位置上观看完所有的演出，角度单一，缺乏变化。在动态影像创作中，镜头可以对同一事物或场景通过对不同镜头要素的调控，提供给观众多角度、多层次的视觉体验。

（3）心理功能

视觉感知与心理感应的密切关系早被人们深刻认识，由于不同的景别、构图、视点、时间长度与拍摄状态都具有特定的视觉指向，因此必然也会相应的引发观众心理上的某种感应。

① Alessandro Vezzsi 著．达·芬奇：宇宙的艺术和科学．上海：上海世纪出版集团译文出版社，2004 年

4. 数字虚拟镜头

数字三维技术提供了一个与客观世界具有相同维度的虚拟空间，在这个空间内运用虚拟摄像机进行拍摄而形成的镜头叫做虚拟镜头。虚拟镜头突破了实地拍摄由于环境、气候、设备等因素造成的表现局限性，实现了全角度拍摄，具有写实与超写实的双重视觉感知途径，为观众提供了在实际拍摄镜头中不能体会的观看方式与心理反应。

二、景别

景别是指画面中主体形象的被摄范围，它由摄影机与被摄对象间的距离远近以及焦距的不同而决定。按照主体物在画面中的大小可以分为：远景、全景、中景、近景与特写。不同的景别在信息容量、视觉功能与情感程度上都会有所不同。

1. 景别的类型与视觉意义

（1）远景

远景中的主体物比例很小，以展示大环境的全貌以及主体物与大环境关系为主要目的，是人们在现实生活中难以体会的特殊视觉经验。适合营造气氛、抒发情感，但不善于表现细节，常常用作全片的开始与结尾。(图 2–1–1)

（2）全景

全景展现的是主体对象的整体形态以及与小范围环境的关系，可能是一个人的全身，也可能是一个建筑的全貌，目的是为了给观众一个完整的视觉印象。因此全景的视觉信息量包括了主体与环境两个方面，但强大的描述与说明功能也使得它在细节描写方面有所缺失。(图 2–1–2)

图 2–1–1　远景

图 2–1–2　全景

(3) 中景

中景是与我们的日常视觉经验最接近的景别类型，可以清晰地表现人物的面部表情与肢体动作，交代人与物之间、物与物之间的关系，同时在镜头组接的功能上可以作为全景与特写的过渡。但正是因为它的常规性与实用性使得它比较缺乏视觉感染力，较难激发人们的情绪兴奋点。(图 2–1–3)

(4) 近景

近景与中景的界定具有相似性，需要根据表现对象与周围环境的比例关系来决定。但总的来说，近景比中景更着重于对象的局部表现，它的信息范围更加集中，例如人的手部、汽车的驾驶位、房子的窗户等等。(图 2–1–4)

(5) 特写

特写大大缩短了日常生活中人们所习惯的眼睛与主体对象之间的距离，对象在视野中的比例相对增大，画面集中而单纯，可以将对象从所处环境中抽离出来，有利于细节性的刻画。擅长体现人物内心深处的微妙变化，放大不易察觉的信息，从视觉与心理上拉近观众与主体对象之间的距离。另外从信息传递的节奏上来看，特写的信息往往是一组镜头中的重点，具有揭示与总结的作用。(图 2–1–5)

图 2–1–3 中景

图 2–1–4 近景

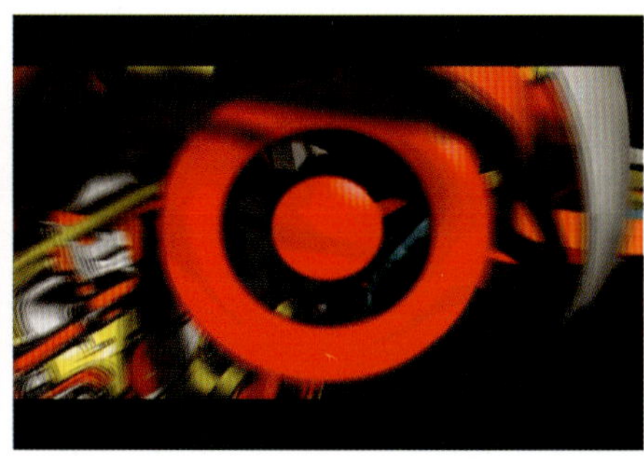

图 2–1–5 特写

2．景别的情感意义

在屏幕上，景别表现的是观看者与对象的距离关系，而它与现实生活的视觉情感体验其实是一致的。中景、近景镜头与我们的日常视觉体验非常接近，不易引起视觉上的惊叹，相应的就会减少感情上的参与程度。远景与特写镜头是一种超正常的视觉体验。在远景镜头中，观众与对象之间的距离较远，没有细节展示，抽象化的形象能够给人一种难得的客观感受，激发平时少有的情怀。而在特写镜头中，观众与对象之间的距离非常近，没有与主体无关的多余信息，视觉观察异常单纯深入，自然也引起我们对对象的认同与感叹，从而增大情感投入。因此在数字视频设计中，应该根据对象的设计需求与情感基调有目的地选择景别，使每个镜头都能恰如其分地传递信息。

三、视点

1．视点的意义

视点是指观看者被设计者给予的观看状态，它通过位置、角度与范围等属性赋予观众某些特定的情绪与观点，使信息从传递的开端就具有明确的指向性，也使观众很自然地站在与设计者相同的立场，最终对设计信息产生共鸣。

2．拍摄角度

（1） 平视（图2—1—6）

平视是指摄影机从人眼的高度进行取景，视点与对象处于平等的关系。这种角度与人的一般观看方式相同，有较强的纪实性，但表现力较弱，构图容易呆板，缺乏张力，一般不产生强烈的戏剧化的效果，多用于常规的场景介绍。

（2） 仰视（图2—1—7）

仰视是指摄影机低于拍摄对象的视角。仰视变形较大，能增加对象的高度、优势感，加强画面的垂直感，常用于表现崇高、威严与被景仰的形象。

（3） 俯视（图2—1—8）

俯视是指摄影机高于被拍摄对象的拍摄视角。与仰视相反，俯视将对象变得渺小与低微，能产生贬低或漠视对象的心理感受。

图 2-1-6 平视

图 2-1-7 仰视

图 2-1-8 俯视

3. 焦距与景深

从光学透视的原理来讲，焦距是透镜中心点到光线汇聚之点（就是我们平时所说的焦点）的距离。景深就是聚焦清晰的焦点周围可接受的清晰区域。焦距与景深是相互依托的两个概念，焦距的不同决定了景深的范围。

（1） 长焦镜头(图2—1—9)

长焦镜头视野狭窄，包含的信息量较少，影像的清晰范围较小，能够形成小景深。远、中、近的各个距离物体的虚实关系明确，可以刻意地弱化或者去掉画面中的干扰形象，适合在纷繁中突出重点因素。

图2—1—9 长焦镜头

（2） 短焦镜头(图2—1—10)

短焦镜头视野广阔，影像的清晰范围较大，能够形成大景深。各距离层次的物体在视觉感受上都处于同一清晰程度，适合表现大的场景与空间，但在信息传递的层次与强弱上显得比较平均而含混。

图2—1—10 短焦镜头

（3） 中焦镜头(图2—1—11)

中焦镜头又称标准镜头，与长焦镜头和短焦镜头相比显得客观真实，最接近正常视觉体验。能够还原现实空间的感受，适合纪实性较强的表现风格。

图2—1—11 中焦镜头

（4） 焦点变换(图2—1—12)

焦点变换主要运用于长焦镜头，是指在一个连续镜头中画面的清晰区域发生变化。例如画面中前后站立的两个正在对话的人，当前者说话时焦点在前，后者模糊，画面信息中心在前者；反之，焦点在后，前者模糊，画面信息集中在后者。可见焦点变换可以通过对画面虚实关系的调度，控制观众的视觉注意范围，有利于主要信息的有效传递。

4. 客观镜头与主观镜头

客观镜头与主观镜头代表着观众被设定的“位置”，这个位置不是景别中的空间位置，而是观看的认知位置，是作为旁观者还是作为表现对象本身，不同的位置意味着不同的观点、态度与目的。客观镜头是指依据人们日常生活中的观察习惯而进行的旁观式拍摄，是动态影像创作运用最为频繁、最为普遍的拍摄方式。画面以旁观者的姿态进行中立性的表现，信息传递明朗，容易理解。

主观镜头是一种模拟画面主体（可以是人、动物和一切运动物体）的视点和视觉习惯来进行拍摄的方式。主观性镜头由于其身临其境的观察方式，更容易调动观众的参与感和注意力，达到感同身受的表现目的。(图 2–1–13)

图 2–1–12　焦点变换（伦敦申奥宣传片）

图 2–1–13　主观镜头

四、构图

数字视频屏幕的边框犹如绘画的画框，只有进入画框内，视觉元素才具有传递信息的可能，因此如何选取与组织这些元素显得尤为重要。构图就是对各种形象元素之间的空间结构关系进行有效控制，以此实现传达特定信息的目的。而具有时间概念的数字视频设计构图，在形式上充满了运动与变化，具有更加强大的视觉控制力。

1. 构图的功能

构图最根本的功能是传递信息，最容易被感知的功能是形成视觉美感，二者相互依托、互为支撑。通过控制元素的空间结构关系，能够对各种形象元素进行视觉层次上的划分，突出主体形象，弱化辅助形象，形成强弱得当、虚实有致的视觉感受，从而形成良好的节奏关系，有利于信息的准确传递。

2．构图的角色

戏剧表演中需要通过主角、配角与龙套演员相互搭戏才能表现一个完整的故事情节，如果龙套演员抢戏争先，定会喧宾夺主乱作一团。构图同样也是如此，主体、陪体与环境元素必须各司其职、相互协调、相互配合，才能对设计概念进行有效的传递。

（1）主体

从视觉感知的层次上来看，主体是画面的焦点所在；从信息传递的能力上来看，主体是主题含义的主要载体。可见，主体元素是整个画面的视觉与信息核心，因此画面中的其他元素都以主体的位置、面积与数量等状态为前提来进行安排与布局。

（2）陪体

陪体是画面中与主体关系最紧密的次要元素，是主体的陪衬，在视觉形式上烘托突出主体，在内容功能上辅助传递主体不能完全传递的信息。因此，陪体与主体在形态、面积与位置等状态上既要形成一定的对比关系，起到突出主体的作用，同时又要保持一定的呼应与协调，避免过分差异带来的不统一。

（3）环境

在画面中环境元素是最不容易被注意的部分，但同时又是不可或缺的信息途径，它能够揭示主体与陪体所处的时间与空间特征，营造环境氛围，从而引导观众的情绪进入内容表达所需要的状态，最终配合主体与陪体完整而准确地传递信息。

根据环境元素所处的位置，可以将其区分为前景元素与背景元素。前景元素位于主体元素之前，能够增加画面中的纵深空间层次，有静态与动态之分：静态的前景物为了不遮挡主体往往都处于画面的边缘位置，在形态与色彩上都弱于主体与陪体；动态的前景物则通常是通过运动状态制造某种特定的氛围，对主体起到烘托的作用。背景元素位于主体元素之后，一般面积较大，能够为画面增加视觉重量，同样分为静态与动态：静态背景稳定，适合衬托主体的运动状态；运动背景对环境的诠释更为生动，常常作为主体与陪体入画前的铺垫。

总的来说，前景元素与背景元素无论在造型状态与色彩倾向上，还是在运动的方式与速度上都应该与主体和陪体形成一定差异，同时在视觉感知的重量上要整体弱于二者，这样才能突出主体形象，传递主题含义。（图 2–1–14）

3. 影响构图的因素

(1) 位置

人的视觉习惯决定了画面中的某些位置是最容易被感知的区域。由于人的阅读习惯是从左至右、从上至下，因此视觉注意力对画面的关注往往是上侧强于下侧，左侧强于右侧，这使得画面左上部成为注意力的交汇点，也就是我们常说的"最佳视阈"。在进行常规的画面构图时，往往将主体安排在这个较为引人注目的位置上，比如画面的核心形象或者重要的文字信息，可以达到事半功倍的效果。

画面中不同部位受注目的程度不同，随之带来的心理感受也不同。画面上部让人感觉轻松、飘浮，下半部则让人感觉沉重、压抑，边缘让人感觉紧促、局限。(图 2—1—15)

图 2—1—14　构图的角色

图 2—1—15　最佳视阈

(2) 面积

在不考虑任何色彩与光影关系的前提下，画面中对象的面积往往决定了视觉重量。在一定范围内，面积越大的对象越容易被注视，从而成为主体；但是当对象面积突破这个范围，同时又有面积较小的物体出现时，由于对比产生的差异性使新的物体成为主体，原本的主体变为陪体；如果差异继续增大，原本的主体就会成为环境。因此面积是控制画面重心的主要手段，也是影响构图形式的重要因素，更是控制信息量的关键一环。

4. 构图的形式手法

(1) 对称

对称构图是指以画面几何中心延伸出的中心线为轴线，向两边相等分布形成的对等状态，具有庄重与稳定的形式特点，适合表现传统、严肃、压抑等性质的内容。需要注意的是过度的、长时间的对称构图容易导致呆板乏味的视觉感受，因此在一个设计作品中一般不会单纯地运用对称构图，而是与其他形式互相穿插。(图 2—1—16)

图 2–1–16　对称构图（TMF　AWARDS 宣传片）

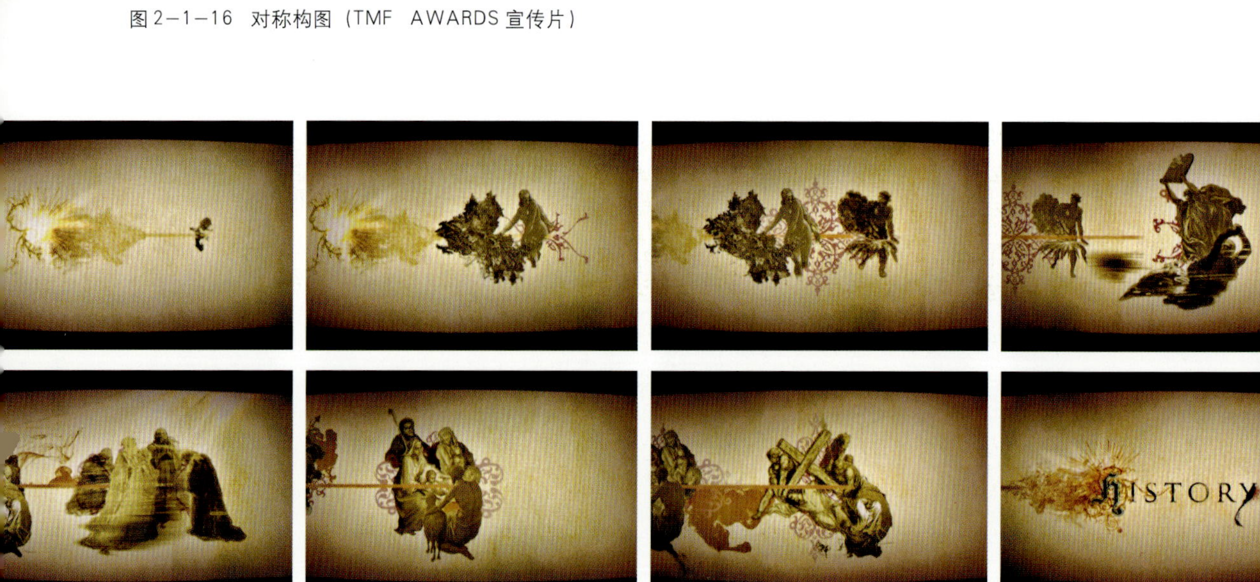

图 2–1–17　均衡构图（HISTORY 频道 ID）

（2）均衡

均衡构图是指视觉中心两侧不同形式的对象在视觉重量上大体等量的构成状态，简单地说就是通过控制对象的位置与数量，实现不对称形态之间的视觉平衡。可见，均衡构图与对称构图在视觉重量的感知上有相似之处，都具有均等与平衡的视觉特点，但是相对于对称构图的绝对平衡，均衡的构图方式具有多变的形式特点，能够在平稳与安定中创造出灵活与变化，从而获得融洽和睦的形式美感。(图 2—1—17)

（3）对比

人们在观察事物时，总是不由自主地把注意力集中到与周围大部分事物截然不同的小部分对象上。对比构图就是利用了这一视觉习惯，调控对象的位置与面积，形成疏与密、前与后、大与小、高与低等形式上的反差，强化视觉重量的不平衡感，从而形成视觉引导，突出核心信息。与均衡构图截然相反，对比构图利用反差制造矛盾，用矛盾表达激烈、不安、活跃等方面的情感诉求。(图 2—1—18)

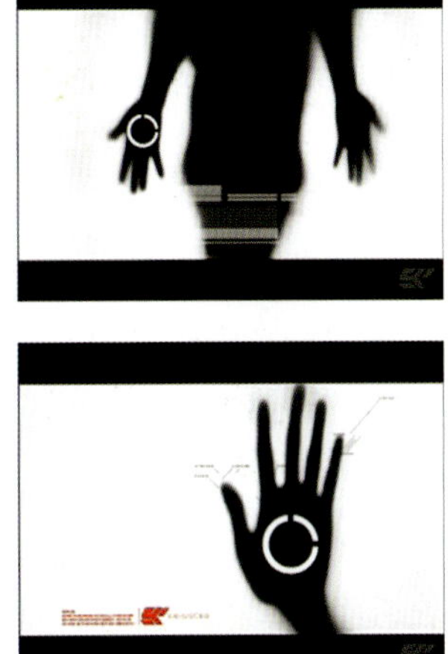

图 2—1—18　对比构图

5. 常见构图类型

（1） 水平构图

水平构图中的画面元素以横向分布为主，能够引导视线进行水平移动，适合表现广阔、安宁、祥和等环境与氛围。（图 2—1—19）

（2） 垂直构图

垂直构图中的造型元素以纵向布局为主，能够引导视线进行垂直移动，适合表现高大、崇高、冷峻的视觉形象。（图 2—1—20）

（3） 斜线构图

斜线构图是指画面空间被元素进行了相同或相似角度的斜向式分割，突破了水平式与垂直式构图的稳定性，具有较强的运动感与不安定感。（图2—1—21）

（4） S形构图

S形构图是指元素以自身的S形造型将画面分割成弧形结构，或通过元素的排列形成S形结构，画面流畅，具有圆润、优美与和谐的情感指向。（图 2—1—22）

（5） 纵深构图

纵深构图也称作放射状构图，以元素自身的造型或通过元素的排列将画面分割成放射结构，根据元素的运动方向能够产生向心或发散的效果，视觉冲击力较强。纵深构图与前几种构图形式最大的区别是对二维画面空间的突破，利用放射状结构形成有纵深感的三维透视关系，从而塑造出具有深度感的空间，赢得观众对立体空间结构的认知与接受。（图 2—1—23）

6. 构图与运动

（1） 构图与对象运动

与平面设计构图中元素的静止固定状态不同，数字视频设计中的对象能够发生形态、位置与面积等属性上的变化。在一个不间断的镜头中，可以运用对象的运动变化调换主体、陪体与环境元素之间的关系，控制观众的视觉焦点，并且构建出多种不同的构图形式，从而生动准确地表现出一个连续的信息发展过程。（图 2—1—24）

图 2—1—19 水平构图

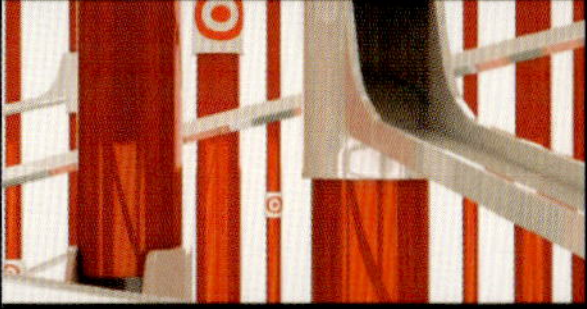

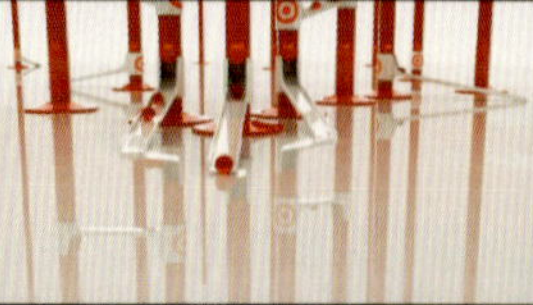

图 2-1-20　垂直构图

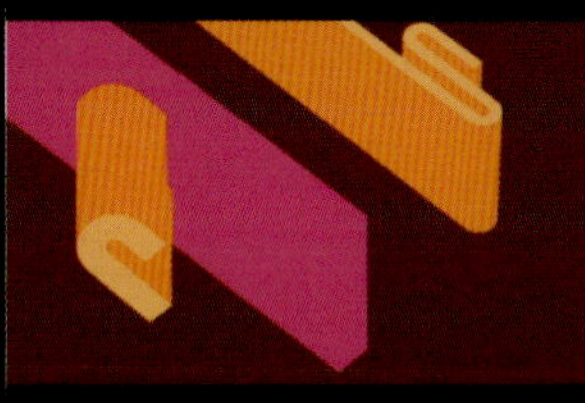
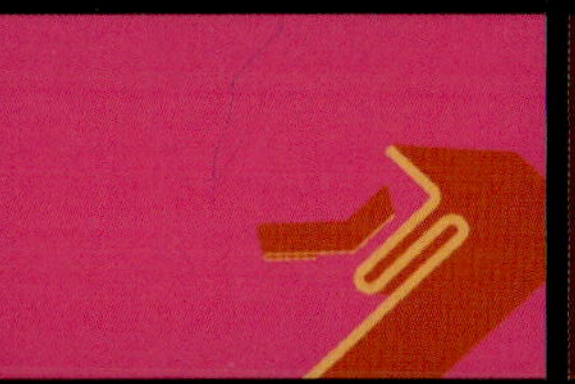
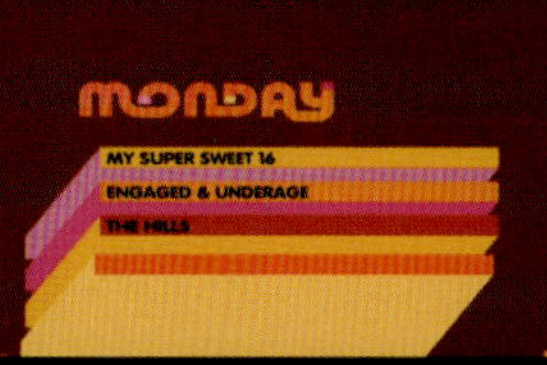

图 2-1-21　斜线构图

图 2-1-22　S 形构图

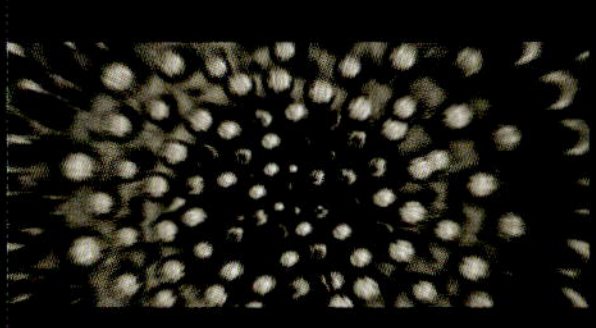

图 2-1-23　纵深构图

图 2-1-24　对象运动引起构图变化（DIESEL 形象广告）

(2) 构图与镜头运动

镜头的运动会带来视点与景别的变化，从而导致元素在画面中的位置与面积发生变化，形成不断变化的构图形式。例如从一个特写画面开始进行拉镜头运动，景别逐渐变大成为全景画面，主体物在画面中的比例越来越小，构图也相应的从最开始主体物突出的饱满状态发展为主体物与环境相互协调的均衡形式，随着镜头进一步拉动，主体物在画面中的面积越来越小，最终形成对比状态。(图 2—1—25)

又如，在一个跟镜头中，镜头不停的运动会导致视点不断变化，因此就会有不同方位与形态的周边元素进入画面，自然而然地就会以主体为焦点形成不同的构图形式，产生视觉节奏的不断变化。(图 2—1—26)

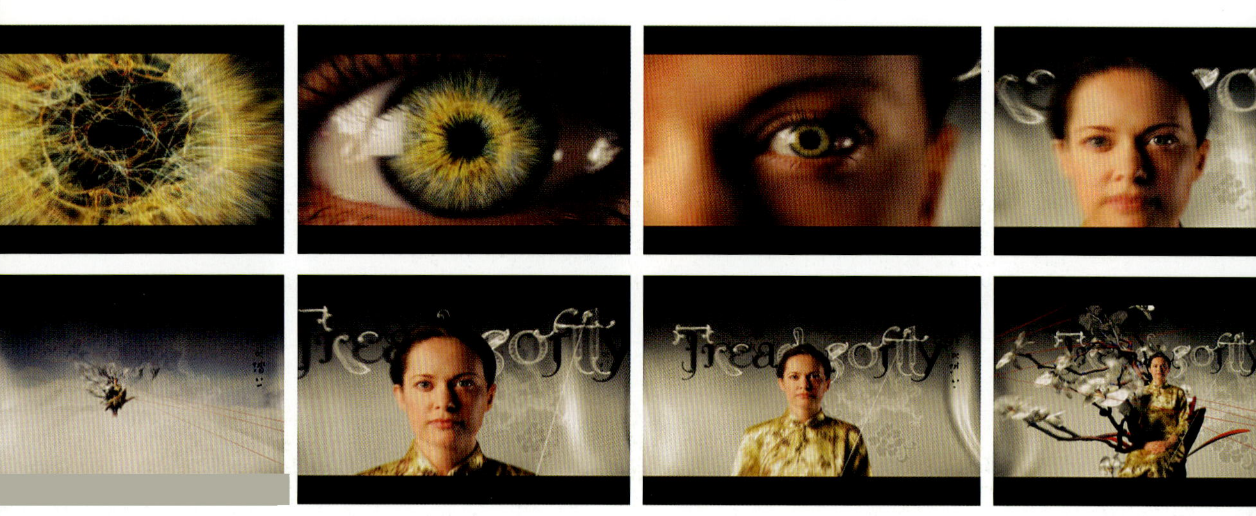
图 2—1—25　镜头运动引起构图变化（TREAD　SOFTY　短片）

图 2—1—26　跟镜头引起构图变化（TELENT　推广片）

(3) 把握节奏起伏

数字视频设计中的构图最突出的特点是元素与形式一直处于变化之中，因此，区别于静态构图只关注画面中元素的安排，动态构图更需要考虑此刻的画面与前一刻画面、后一刻画面的相互关系，考虑不同的构图形式在时间线上如何分布，把握视觉上轻与重、疏与密、缓与急的变化，如此才能在一段时间中传达一个连续而完整的视觉信息。

7. 构图的原则

(1) 传达主题含义

视觉传达设计中每一个设计环节的最终目的都是为了准确地传达主题含义，因此数字视频设计构图的构思，应该从信息内容本身的特性与需求出发，寻求最适合、最有效的形式，不能为了追求视觉形式而削弱了信息本身的含义。

(2) 突出主体元素

构图是对元素在画面结构中的总体调度，控制着观众的视觉重心，影响着信息传递的途径，而对构图形式影响最大的就是对主体元素的控制。"主体是主题思想的体现者，只有突出了主体才能揭示主题思想。"①它的特性与需求是其他一切元素形式的前提，因此只有优先考虑主体元素在画面中的状态，才能铺设出最恰当的视觉轨迹，完成信息传递。

五、镜头状态

1. 固定镜头

固定镜头是在摄影机机身与机位都不变的条件下进行的拍摄行为，稳定的画面有利于表现主体对象的特征与变化。它不通过拍摄状态的变化影响信息传递，而将所有的表达空间都留给了内部的视觉语言，视觉感受简单而客观，给观众留有很大的自主思考与评价空间。但正是由于这种特性，使得时间过长的固定镜头会导致影片的节奏显得缓慢而呆板。因此，固定镜头的组接在景别选取与时间节奏控制上具有更高的要求。

2. 运动镜头

在日常生活中，我们只能从一个常规性的固定角度或者以常规运动的方式来观察事物，而运动镜头给我们提供了一种非常规的视觉体验。利用摄像机摇、移、跟等运动方式，突破画面的单角度局限，引发观众视点的不断变化，使二维的屏幕呈现出一个多角度的立体空间。特别是在数字三维图像技术进入动态影像创作以后，运动镜头更是突破了实拍镜头运动的极限，具有可以上天入地的神奇力量，用一个连续的镜头表现从地心熔岩到火星表面的变化过程早已不是值得炫耀的视觉技巧。

① 卢锋. 数字视频设计与制作技术. 北京：清华大学出版社，2006年，P.54

（1）摇镜头

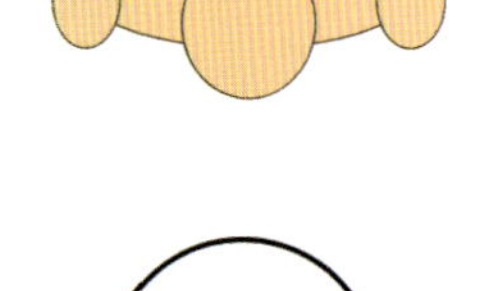

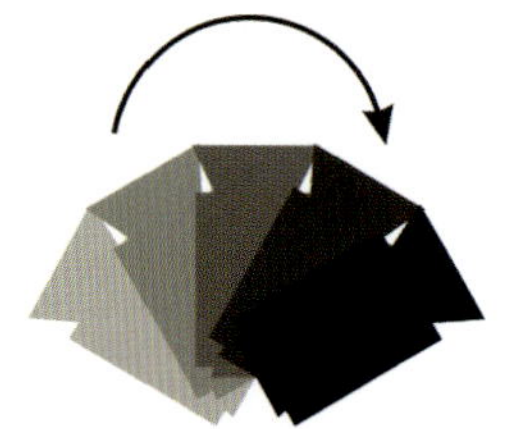

图 2–1–27　摇镜头

摇镜头是指机位不动，摄像机以机身中心为轴点作水平或垂直转动，这种拍摄方式形成的画面运动与人眼转动或头部转动所带来的视觉感受十分接近。可以真实地反映空间的连续性，善于介绍环境，表现两个或两个以上视觉主体之间的连接。该手法纪实性倾向较强。（图 2–1–27）

（2）移镜头

广义的移镜头其实包括了任何位置变化的拍摄方式，其中的推、拉与横移运动具有一定的视觉规律，也最适合某些特定情感的抒发，有必要作针对性的理解。

A. 推、拉镜头

推镜头是指摄像机沿视轴向前移动，可以模拟人的视觉接近，在不断推进的过程中画面也由较大景别演变为较小景别。它往往是一组镜头的开始，可以引导观众更深刻地感受对象，有加强情绪烘托、揭示核心信息的作用。拉镜头与推镜头相比是完全相反的拍摄方式，机身沿视轴做后退运动，可以模拟人的视觉远离。画面从微观到宏观，景别由小变大，常作为一组镜头的结束。

推、拉镜头展现出的画面都具有强烈的纵深感与空间感，对于三维空间的结构以及与之相关联的心理活动有很生动的阐述作用。（图 2–1–28、图 2–1–29）

B. 平移镜头

平移镜头是摄像机以表现对象为参照物进行的平行运动拍摄，观众在屏幕上感受到的是视点向左或右的运动。这种方式善于表现物体侧面和轮廓，突出横向的空间变化，与二维动画的平面视觉感受相似，有较强的“展示”意味。（图 2–1–30）

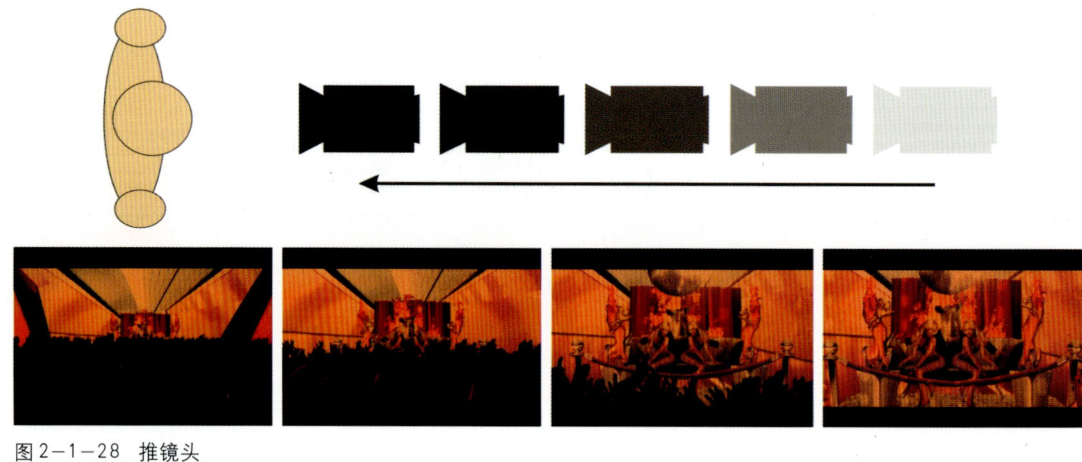

图 2–1–28　推镜头

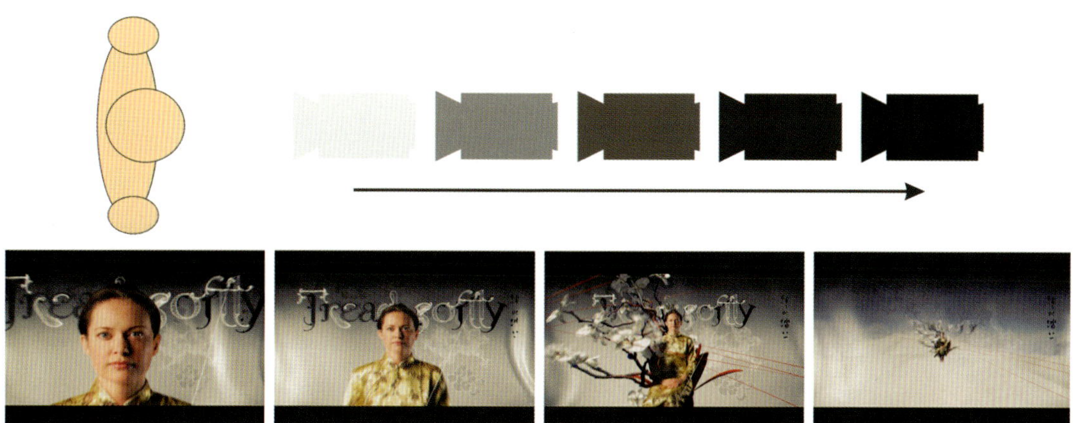

图2—1—29　拉镜头

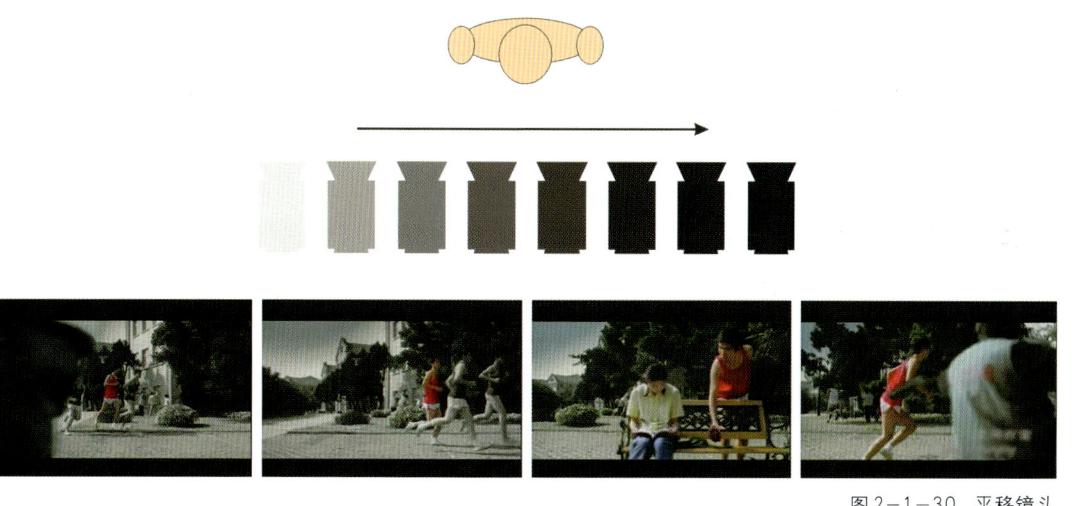

图2—1—30　平移镜头

(3) 跟镜头

跟镜头其实是移镜头的一种特殊形式，摄像机始终跟随被摄物的运动而一起运动，画面始终以一个对象为表现主体，被摄对象在屏幕中的位置相对稳定。跟镜头既能突出主体形象，又能交代运动的方向、速度与姿态，同时表现出复杂的空间结构。常见的从对象背后跟随拍摄的跟镜头，由于观众与被摄物视点相同，能够带来身临其境的心理感觉。(图 2-1-31)

图 2-1-31　跟镜头（欧洲足球联赛 06-07 赛季宣传片）

3．运动镜头的作用

(1) 展示三维空间

不同方向上的镜头运动从不同角度表现了空间的结构状态，可以帮助观众建立对三维空间的认识。摇镜头与平移镜头展现的是空间的平面感受，推拉镜头展现的是空间的纵深关系，而灵活多变的跟镜头展示了空间内部的复杂结构。

(2) 引导信息呈现

固定镜头完全通过画面内部的形象状态、运动调度、色彩关系以及光线变化进行信息传递，观众处于较为被动的观看状态。相比之下，运动镜头可以通过视点的变化有意识地引导观众的视线，进入设定好的视觉流程，自然而然地使观众接收重点信息。

(3) 影响视觉风格

视频设计的视觉风格受多种元素影响，除了形象、色彩与光线等直观的视觉元素，最能体现设计风格的间接因素就是镜头运动的方式。镜头运动的路径是观众观看的引路者，决定视觉元素呈现的前后顺序；镜头运动的速度是表演时间的控制者，影响视觉元素传递的节奏快慢。因此运动镜头作为幕后的推手，暗中把握着数字视频设计的风格走向。

4．对象运动与镜头运动的关系

对象运动是画面中各种对象的运动，它与镜头运动的关系其实是内容形式与观看方式的关系，是两种能量的同时运行。不同的表现目的决定了二者在同一时间段里的视觉强度会不尽相同，在表现力度上也有主次之分。当主要表现目的为突出物象运动的形式与节奏时，为了给观众一个较为充分的观察时间与空间，镜头运动应相对稳定而缓慢；相反，当主要表现目的是提供新颖的感知方式时，为了展现观看方式的多元化，镜头运动应相对多变而快速。

5．镜头长度

镜头的长度是指一个完整镜头持续的时间长度，长镜头与短镜头是相对而言的，并无明确统一的划分标准。在一段较长时间内连续拍的镜头称作长镜头，反之持续拍摄时间较少的称作短镜头。

长镜头是最原始、最本真的影像表现方式。在电影产生的早期，所有的镜头都是固定拍摄的长镜头，它保持了观看的连续性，还原了时间与空间的原貌，减少了摄影技巧与创作者意图对事物客观性展现的干扰。但是并不是所有长镜头都是利用一次性拍摄或连续的数字图像来完成的，有的镜头看似没有停顿，其实是利用了巧妙的剪辑手法将不同的镜头连贯起来，形成一个“感觉”连贯的长镜头。这种方法常常作为连接不同空间或时间的有效手段。

短镜头是在剪辑与蒙太奇概念萌发以后出现的镜头形式，将拍摄时间较短的多个镜头通过组接表达一个相对完整的概念，是现代动态影像创作中最常用的手法，具有较强的主观意识与创作痕迹。

思考题：

选择一个数字视频设计作品，从作品的设计对象与设计目的出发，针对景别、视点、构图、镜头运动四个方面对镜头语言进行分析。

第二节　视觉语言

视觉语言是数字视频设计表达的主要语言要素，包括了形态、光影、色彩与运动。由于数字视频设计与其他影视艺术门类具有相似的媒介性质与表现工具，因此在视觉语言的构成上有一定的相似性。但是基于设计对象与设计目的的不同，数字视频设计的视觉语言在视觉意义与信息传递上，更着重于视觉传达设计的目的性与准确性。

一、形态构成

形态元素是视觉语言中最直观的内容元素，人们通过它的形状、质感、体积、色彩等属性获取信息，是视觉信息的主要载体。由于数字视频设计中的形态元素并不具有特殊性，与其他设计类型中的形态元素具有很大的相似性，故在此不讨论具体的造型方法，而是针对各个形态元素在数字视频设计表达中的作用与特性进行阐述。

1. 影像

影像是指通过光学装置、电子装置、数字装置和感光材料、记录装置等感受光线，将由对光的反射造成的被摄物的外形和光的投射通过化学反应、电子脉冲或电磁场中的变化获得图像，并记录、存储在介质中，必要时再进行复制或使其重复呈现出来的“物的影像”[①]。影像中的形态、色彩与质感接近真实的客观世界，因而最能被观众认知与接受。影像在数字视频设计中发挥着两个作用：一是能够记录客观的现实世界，或者重现过去，进行写实性的视觉表现；二是能够还原主观的梦境或幻觉，进行抽象性的视觉表现。

2. 图形

图形是意象的一种视觉形态，是对现实世界的主观反应，与记忆、联想、幻想等众多的思维活动紧密相关，简单地说是指通过绘画、书写、雕刻或计算机软件绘制等行为将意识活动表达出来的视觉形态。从图形的构思上看，根据不同的意识活动，图形既可以在一定程度上反映现实，又可以表现非现实的、抽象的视觉形态；从图形的表现手法上看，采用不同的表现手段会让图形呈现出不同的造型与质感特点，因此图形具有内容与形式两方面的多样化特性。但是，由于人们在认知能力、文化背景、审美倾向等方面的差异，对于相同的图形也会产生不同的理解与联想，因此图形在信息传递的准确性上会显得不够稳定。

①赵智　彭文忠．影像解读．长沙：湖南人民出版社，2006年，P.4

3. 数字虚拟图像

数字虚拟图像是数字视频设计中的一个特殊形态类型，在构思与形态特征上与图形没有本质区别。但是，由于它是人们通过对数字图像软件的操作经过计算机计算生成的，并不由人直接控制，因此是一种独立的形态元素。虽然不同的人可以根据构思用软件创造出不同的数字虚拟图像，但是由于受软件的功能与参数属性限制，同类软件生成的数字虚拟成像在形态特性上往往具有一定的相似性，从而也相对降低了它的视觉个性。

4. 文字

从信息的作用上看，文字元素可以分为两种类型：一种是信息文字，作为文字的自然状态通过文本内容传递信息，例如标题、字幕与说明性文字等；另一种是图形化文字，作为图形状态通过形态、色彩与质感传递信息，与图形元素传递信息的因素具有相似之处。

两种类型的文字在数字视频设计表达中具有不同的信息传递目的。因此，在视觉形式上也会表现出各自的特点。信息文字的文字量一般较多，以易于阅读为表达目的，因此造型与运动变化较为简单；图形化文字以用图形语言阐述文字内涵为表达目的，因此形态创意丰富，运动变化较为复杂。

二、光影构成

光与影是一切视觉感知的前提，不同的光线属性能够形成不同的光影关系，能够塑造不同的形象与空间，表达各异的情感与气氛。数字视频设计中的光影关系由于具有动态表现的能力，在视觉表现、情感引导与信息传递上更加灵活生动。因此，我们应该在充分认识光影属性的基础上，根据设计对象的特性与需求进行恰当的光影调控，才能够准确地表现对象与传达信息。

1. 光影调性

光影调性是从不同的光影属性角度进行区分的画面光影关系。根据画面明暗反差程度与过渡长度所呈现出来的视觉层次可以分为硬调与软调，根据光源强弱所呈现出来的整体亮度可以分为明调与暗调。不同的调性具有不同的情感与气氛指向，对设计对象的表现倾向也各有侧重。

（1） 硬调与软调

硬调主要使用硬光，硬光又称为聚光，多数是直射光线（如强烈的太阳光、射灯光），光与影的反差强烈，能够形成清晰的光影轮廓，具有增强形象硬度、放大细节的作用。因此，硬调画面的光影过渡短而急促，感觉强烈明确，可以利用明暗分布形成的构图关系，将观众的注意力引导到一定的画面位置。（图 2—2—1）

软调主要使用软光，软光又称散光，照射的物体亮度均匀，光影反差较

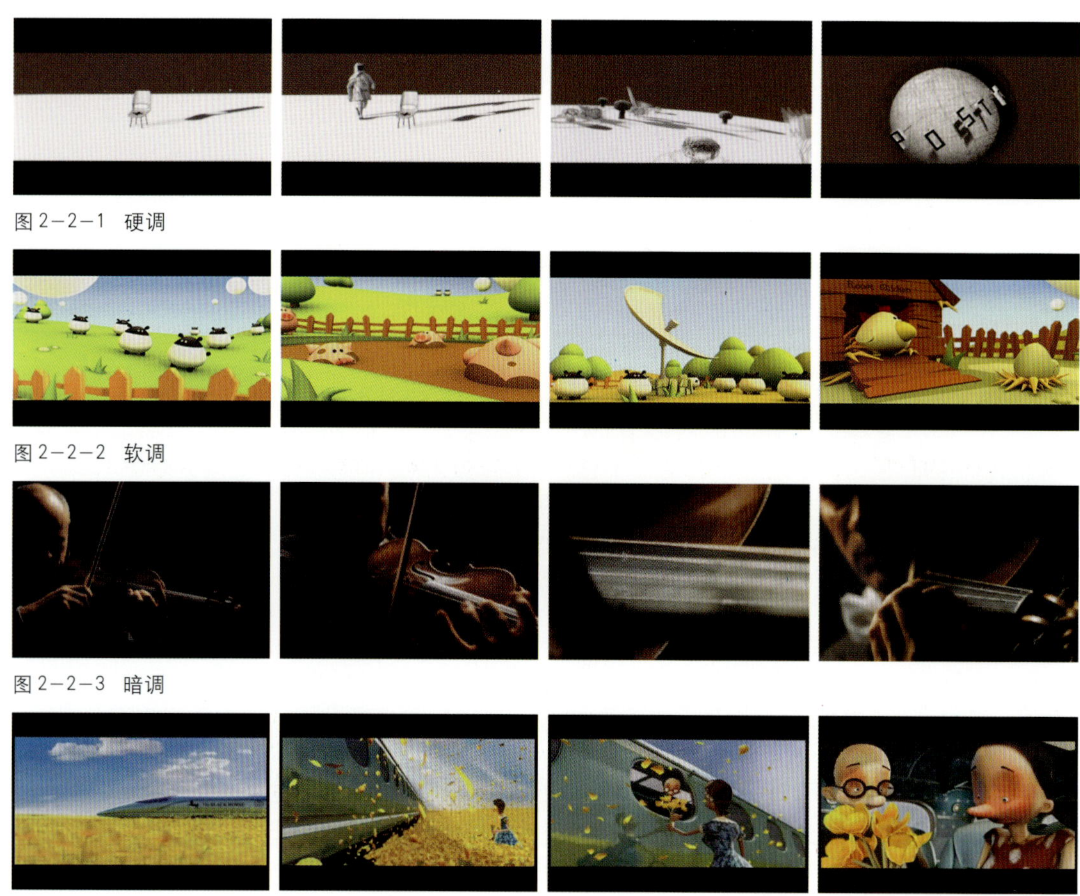
图 2-2-1　硬调

图 2-2-2　软调

图 2-2-3　暗调

图 2-2-4　明调

弱，阴影投射模糊，光影关系柔和细腻。软调画面的明暗过渡缓慢均匀，感觉细腻平滑，具有均匀柔和的特点，适合表现祥和宁静、温馨唯美的对象和氛围。（图 2-2-2）

（2）暗调与明调

光线的明暗最容易感知，对视觉心理机制的影响也最明显，昏暗的光线让人压抑、消极甚至恐惧，明亮的光线让人感觉安全、积极与兴奋。因此，选择与主题性质相一致的光线有利于信息与情感的准确传达。（图 2-2-3、图 2-2-4）

2．光影布局

光影布局是指通过控制各种光源强弱与位置分布形成光影主次关系的方法，同时也是调节画面焦点的形式手段。

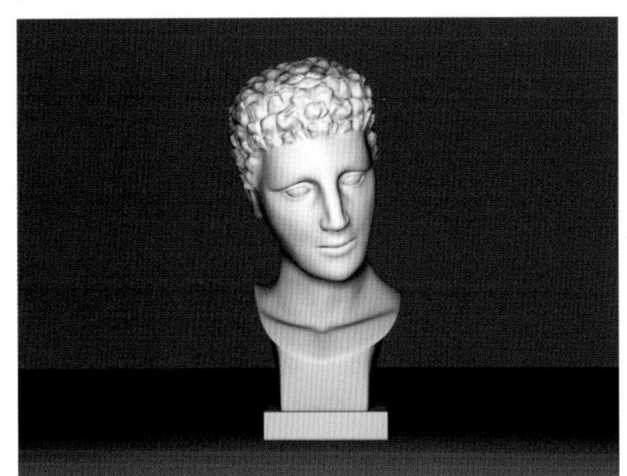
图 2—2—5 顺光

（1） 光的方位

A.顺光

顺光是指处于对象正面水平方向的光线来源，具有呈现对象基本样貌，提供基础照明的功能。顺光提供的画面质感较为平淡，可以降低对象的粗糙感，减弱空间的纵深感。（图2—2—5）

图 2—2—6 侧光

B.侧光

侧光顾名思义是从正侧面照射对象，具有明显的从光亮部到阴影部的过渡，能够突出对象的体积感，加强空间的前后关系。（图 2—2—6）

图 2—2—7 逆光

C.逆光

光线从对象正背面射出，与摄像机相对，能够突出对象的外部轮廓，形成如剪影一般的画面效果，但不能表现内部形象与细节，适合营造神秘恐慌的氛围。（图 2—2—7）

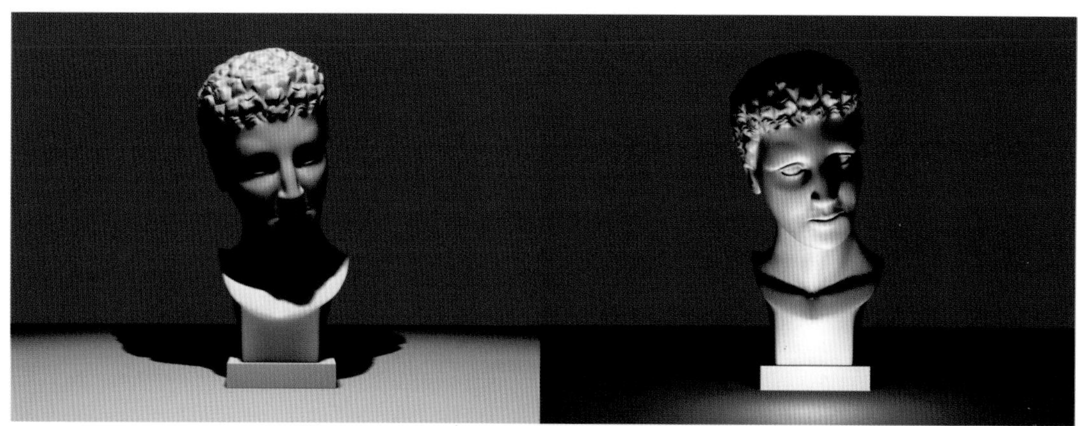
图 2—2—8　顶光与底光

图 2—2—9　侧逆光与侧顺光

D.顶光与底光

顶光与底光的光源位置分别来自对象的上方与下方，突出顶面与底面的明度反差。造型效果与对象原貌相去甚远，容易形成夸张、离奇甚至恐怖的视觉感受。(图 2—2—8)

E.侧顺光与侧逆光

侧顺光与侧逆光是顺光、逆光与侧光的混合物，侧顺光既能够反映对象的基本面貌又能兼顾体积感的塑造，侧逆光既能够突出对象外部轮廓又能表现内部结构。(图 2—2—9)

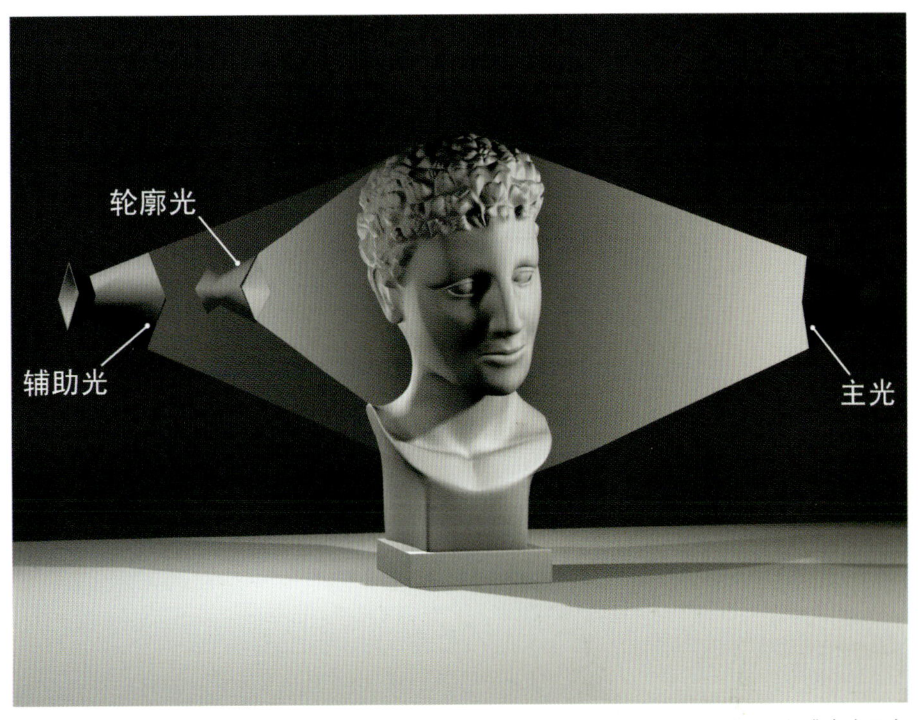

图 2–2–10　标准布光示意

图 2–2–11　标准布光

（2）布光方法

A. 标准布光

标准布光也叫做三点布光，是光影表现的基本形式，也是比较写实的布光方式。主光，提供基础照明，展示事物的基本性状；辅助光，控制光影反差，增强或弱化体积感；轮廓光，将主体与背景分离，形成空间的层次感。标准布光的光源关系主次分明，符合人们的常规视觉习惯，善于表现生活性、一般性的对象。（图 2–2–10、图 2–2–11）

图 2–2–12　强对比布光示意

图 2–2–13　强对比布光

图 2–2–14　剪影布光

B.强对比布光

强对比布光是指同时将大部分灯光集中在重点表现的部分，使整个画面或对象保持较高的明暗对比，形成有强烈冲击力的视觉感受，适合表现极端的形象与激烈的情感。(图 2–2–12、图 2–2–13)

此外，强对比布光还具有一种极端形式，即剪影式布光。这种方式几乎没有光影过渡，忽视内部细节强调外部轮廓，非明即暗，视觉冲击力强烈。它同时具有强对比布光与平均布光的典型特征，善于表现具有神秘、恐惧、悬疑特点的对象。(图 2–2–14)

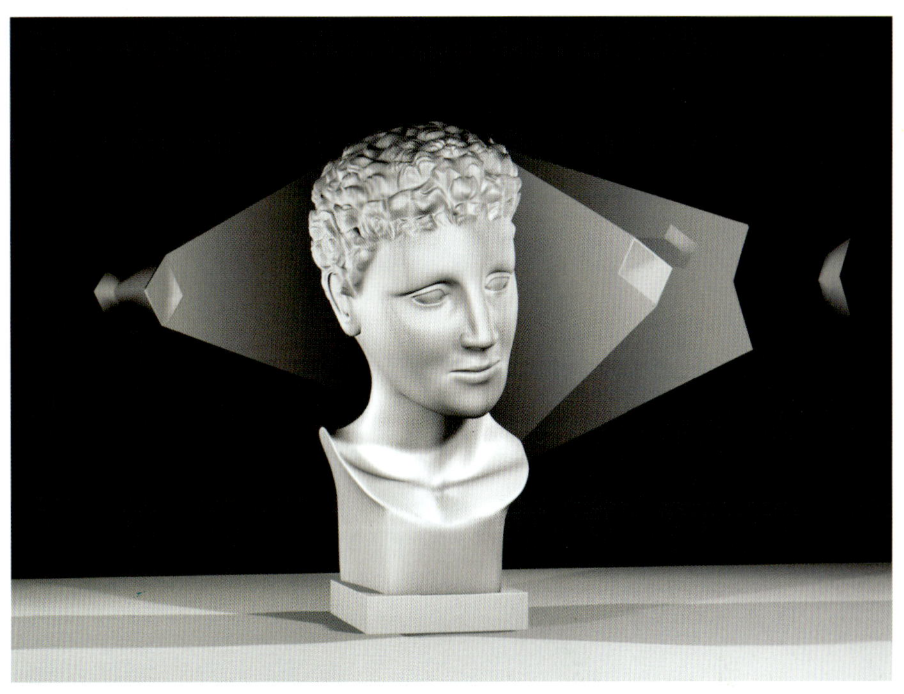

图 2—2—15　平均布光示意

图 2—2—16　平均布光

C.平均布光

平均布光是指画面中的各个光源之间没有明确的主次关系，能够使画面或对象的每个部分接受较为平均的光量，达到协调一致的视觉效果，擅长表现和谐安宁的场景与情绪。(图 2—2—15、图 2—2—16)

3. 动态光影表现

数字视频设计的动态表现性质决定了构成元素的非静止性，光影在动态时空中不仅是形象塑造、空间呈现与情感表述的重要手段，更是信息流动的助推力量。

（1）引导焦点转移

在静态状态下，光线的一个重要功能就是利用强对比的光影关系将观众的注意力集中于画面的某个位置上，而运动的光线可以引导观众的视线从一个焦点移动到另一个焦点，实现注意力的流畅转换。（图 2—2—17）

（2）有利于镜头组接

从生理结构上看，当人眼遇到亮度较大的光线时，瞳孔会快速缩小，视觉会出现短时的空白感；反之则瞳孔会快速放大，视觉会出现短时的黑暗感。因此，运用短暂而快速的光线亮度变化，通过巧妙的空白感或黑暗感能够将两个明暗度不同的镜头流畅地衔接在一起。（图 2—2—18）

图 2—2—17　引导焦点转移（ELECTRABEL 活动宣传片）

图 2—2—18　有利于镜头组接

图 2—2—19　影响视觉心理变化（THE HISTORY CHANNEL 频道 ID）

(3) 影响视觉心理变化

不同的光线属性与布光方式都具有不同的视觉心理倾向，因此当光影关系发生变化时，无论是由明转暗、由硬转软，还是由强对比转为平调，都会预示着相应的性状与情感变化，成为作品的情感晴雨表。在2006年足球世界杯期间THE HISTORY CHANNEL（历史频道）推出了一系列与足球相关的频道宣传短片，短片开始时金戈铁马的画面与暗沉冷硬的影调让人感受到历史纷争的沉重，这时画面出现"HOW TO RULE TODAY' S WORLD?"(如何衡量今天的世界)引人思考，突然再次转场来到的却是光线明亮、投影柔和的足球场，金色球鞋下熠熠生辉的足球已经揭开了答案。短片中由低沉向明快转换的影调非常恰当地引导了观众的情绪变化，使信息得到了准确的传递。(图2-2-19)

三、色彩构成

数字视频设计的动态信息传递方式，决定了数字视频设计的色彩构成具有区别于平面视觉传达设计色彩的流动性特点。在数字视频设计中，色彩的属性可以进行有目的性的调控，整个设计的色调也可以根据情感的变化、信息传递需求的变化而不断变化。因此必须要明确色彩的基本属性、色彩关系与表现手法，才能依据对象特点完成色彩规划。

1. 色彩基调

色彩基调是指以色彩的三种基本属性（色相、明度与纯度）为依据进行区分的整体色彩关系。需要注意的是，虽然我们在了解色彩关系时对其进行区分归类，但是在色彩运用的时候要对色彩的各种属性进行综合考虑。

(1) 冷暖调

色彩的基本属性是色相，也就是色彩的倾向性，它是区分不同色彩的基本标准。在色环上越靠近蓝色的颜色越冷，越靠近红色的颜色越暖。按照画面的整体色相可以将色彩基调分为冷调与暖调。冷调以各个层次的蓝、绿、紫等冷色为主要色彩，适合表现冷静、忧郁的情感；暖调以各个层次的红、橘、黄等暖色为主要色彩，善于抒发热烈、兴奋、欢乐的情怀。(图2-2-20)

图2-2-20 冷调与暖调

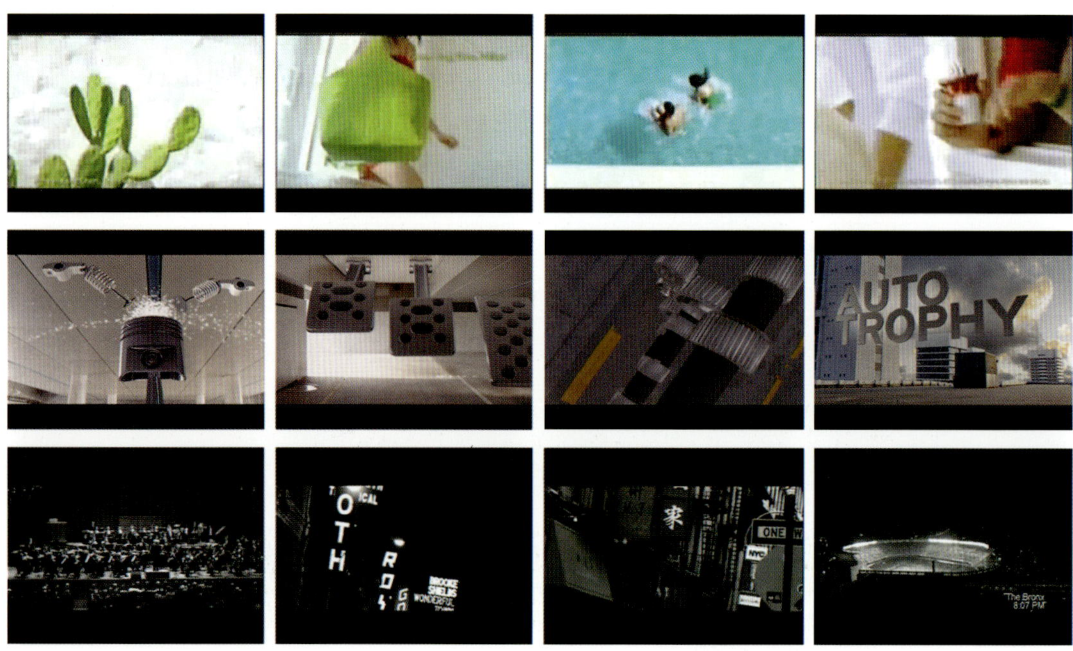

图2-2-21　明调、平调、暗调

图2-2-22　纯调、中调、灰调

(2) 影调

控制色彩明暗程度的属性是明度，色彩的明度越高越明亮，明度越低越暗沉，所有的色彩中白色的明度最高，黑色的明度最低。画面色彩所呈现出的整体明度关系称为影调，可以分为明调、平调与暗调三种类型。明调，白与灰在画面面积上占了很大比重，黑色部分较少，视觉感受明亮清爽；平调，画面中的黑与白较少，灰色占了很大部分面积，对比效果较弱，给人平淡安静的感觉；暗调，黑色部分占据很大面积，画面感受压抑、消极、低沉。影调影响着作品的整体氛围，需要依据设计对象的性格属性与情感需求进行调控。(图 2–2–21)

(3) 彩调

表现颜色中所含纯色程度的属性是纯度，也称作饱和度，所谓纯色就是指没有加入白色与黑色的颜色，色彩中所含黑白色越多纯度越低，反之则越高。按照画面色彩的整体纯度所定义的色彩基调称作彩调，可以分为纯调、中调、灰调。纯调，大部分颜色的色彩纯度较高，视觉感受亮丽强烈，情绪活跃热情；中调，中等色彩纯度的颜色占据主要画面，接近日常生活的色彩关系，写实质朴；灰调，画面的整体色彩纯度低，色彩感较弱，接近黑白调，显得忧郁怀旧。(图 2–2–22)

2. 色彩功能

(1) 情感象征

在学习色彩构成时我们就知道了色彩普遍的情感象征功能：红色象征激情、战争、生命；橘色象征丰收、温暖、喜悦；蓝色象征忧郁、寒冷、冷漠；绿色象征安宁、和平、希望。这一功能在数字视频设计中得到了进一步的深化，色彩的变化引导着对象属性或情感氛围的变化，成为信息传递的纽带。

(2) 形象识别

与图像、运动的识别方式不同，色彩不需要经过特意解读，或许只是不经意的一瞥就能在人的记忆中留下痕迹。因此，独特而整体的色彩设计能够让观众快速形成视觉印象，在第一时间突出设计对象的个性特点，并且能够在以后每一次观看时迅速地识别色彩信息，并立刻将其与相对应的设计对象联系起来，以此建立长久的视觉形象。(图 2–2–23)

图 2–2–23　形象识别功能（CN8 频道 ID）

（3）形式调控

数字视频设计中的视觉元素类别繁多，关系复杂，在设计时难免会出现场面失控的状况，这个时候色彩就是最好的调和剂。在视觉元素显得混乱无序、难以控制时，可以通过减少色彩层次，简化元素关系实现形式的整体感；在视觉元素显得平淡无奇、缺乏魅力的时候，可以通过活跃的色彩关系加强视觉吸引力。

3．色彩设计

（1）色彩设计原则

A．适合对象特性

色彩显著的情感象征功能使设计者对色彩的选择运用格外慎重，错误的用色很可能使整个视觉传达产生歧义。不同的设计对象在性格与情感表达上有着不同的倾向性，选用恰当而独特的色彩主题能够对视觉传达的准确性与统一性起到事半功倍的作用。

B．色彩基调统一

视频设计提供的是运动的视觉体验，因此色彩关系同样是运动变化的，各个时间段的色彩比例与明暗关系都会存在一定的变化，但是在整个视频设计中必须保持色调与影调的相对稳定，这样才能形成统一的色彩印象，有利于视觉识别。

（2）色彩设计方法

A．色彩布局

色彩规划是对色彩在整个设计空间与时间变化过程中的比例与变化上的整体掌控，具体地说就是主色与辅助色在整个作品中的布局。

主色是指占主导地位的颜色，在整个设计中往往占据大部分的空间与时间，是形成色彩印象的主要因素。因此，主色的确定应该合理利用色彩视觉和心理效应，使色彩形象与设计对象得到较好的统一。

辅助色是指对主色起辅助作用的颜色，它以设计对象的信息与情感需求为基础，以主色的色彩属性为具体的控制标准。与平面设计中相对稳定的辅助色不同，由于数字视频设计的动态表现特性，其辅助色具有变化流动的可能。辅助色的动态调控，不仅能够丰富画面的色彩关系，而且能够在保持整体色彩情感基调的基础上，表现微妙的或阶段性的信息与情感转换。

B．色彩体系

色彩体系是指主色与辅助色的量化关系，分为简单色彩体系与复杂色彩体系。简单色彩体系中的主色与辅助色数量少，以一种色彩关系贯穿全片，视觉识别性与记忆度较强，因此在对识别性要求较高的电视频道ID中运用得比较广泛。复杂色彩体系中的色彩主次区别不明显，色彩关系跟随信息的发展而发生变化，能够满足丰富的情感需求。

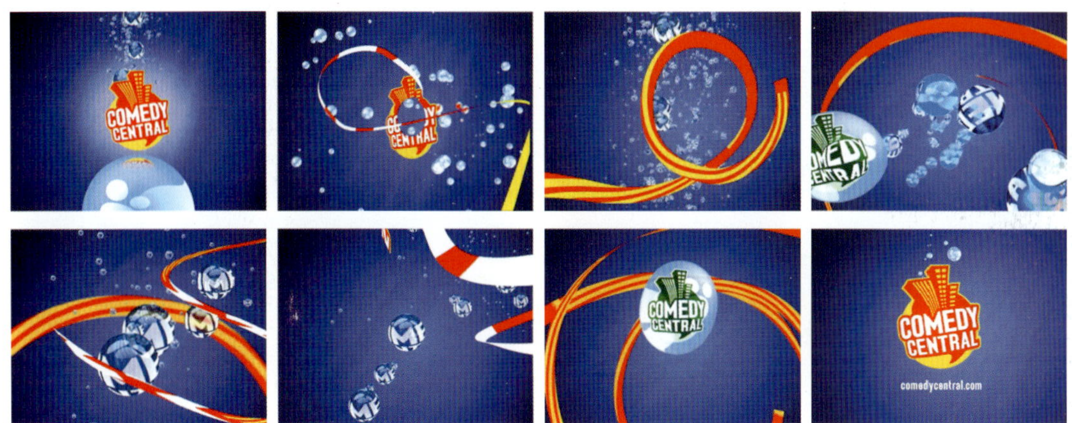

图 2—2—24　简单色彩体系（COMEDY　CENTRAL 频道 ID）

图 2—2—25　复杂色彩体系（TELETOON 频道 ID）

COMEDY　CENTRAL（喜剧频道）的频道ID为了建立容易被记忆的色彩形象，并突出轻快俏皮的频道风格，采用了单一色彩体系。以中性的蓝色为主色，以活跃的橘红与橘黄为辅助色。蓝色、橘红与橘黄在色相上形成冷暖对比，在饱和度上一致较高，在明度上形成中等对比。因此色彩关系整体统一，又不失轻松明快，与 COMEDY　CENTRAL 的频道定位一致。而加拿大 TELETOON 作为一个专业的卡通电视频道，为了体现它前卫的创意与多元的节目，选择了复杂色彩体系，并结合跳动的、不稳定的视觉符号创造出了具有鲜明特点的视觉风格。（图 2—2—24、图 2—2—25）

4．动态色彩表现

（1）调控画面主体变化

色彩的对比与协调关系能够控制画面元素在视觉感受上的主次关系，在色相、明度与饱和度上与画面其他元素具有较大差异性的元素，能够成为画面的视觉焦点。因此利用差异性色彩的动态表现，可以调控元素的主次关系，并且根据信息传递的需要变化画面主体。

图 2－2－26　光影引导情绪与氛围变化（ESPN 频道宣传片）

（2）引导情绪与氛围变化

不同的色彩具有不同的象征意味，代表着不同的情绪与氛围。色彩可以感性地表现出作品的情感走向与信息含义。因此利用色彩的这一特性进行动态控制，通过色相、明度与饱和度的改变来表现情感与氛围的变化，是信息传达过程中非常有效的调控因素。

在ESPN频道宣传片中，没有直接用体育比赛场景来表达运动的意义，而是用一个小镇的生活状态来阐述运动对于信仰的意义。故事开始时，坐在电视机前的人们目光呆滞，整个小镇毫无生机，画面色彩的明度与饱和度都很低，环境昏暗低沉，表现出一种无望的生活状态。但是当电视里传来比赛胜利的消息时，人们顿时喜笑颜开，手舞足蹈，画面色彩随之突然变得明亮艳丽，一切显得生机勃勃。正在这时，情节发生转折，刚才的比赛结果因为误判而不能生效，人们再次回到故事开始时的低迷状态，画面色彩也恢复到灰暗低沉。作品中，画面色彩的两次变化与故事情节紧密相关，恰当地引导了情绪与氛围的变化，准确地表达了"WITHOUT SPORTS，WE'D STOP BELIEVING"（如果没有体育，我们将失去信仰）这一核心概念。（图 2—2—26）

四、运动构成

运动是数字视频设计区别于其他视觉传达设计的一个显著特征，因为它将时间的概念引入了信息传递之中。在海报设计、书籍设计、DM 设计等设计类型中，无论是图形、图像还是文字都只能在静止的状态下进行视觉表现与信息传递，而数字视频设计的魅力很大程度上就在于打破了这种静止的状态，通过运动变化使元素的视觉表现与信息传达能力得到了极大的扩展。

与其他动态影像创作相似，我们将数字视频设计的运动分为三级：第一级是对象运动，是指画面中物体的自身运动；第二级是镜头运动，是指摄像机或者视点的运动；第三级是序列运动，是指镜头与镜头之间的组接变化。在此我们要讨论的运动是基础的对象运动。

1．运动的基本属性

运动是物体在一个时间段落里的不间断变化状态，而这个连续状态的形成由多种因素的属性以及相互之间的关系所决定。

（1）运动的方式

运动的方式是指物体在运动中的姿态，影响着一个运动行为的性格，可以从变化的实质分为位移运动与形变运动。位移运动是指物体的位置变化，例如弹跳运动带来的上下连续的快速视线变化，可以产生强烈的活力与节奏之感；以自我为轴心的自转运动流露出欢快而骄傲的意味；轨迹流畅、节奏舒缓的飘舞运动有着抗拒地心引力的优雅与轻盈。（图 2–2–27）

形变运动是物体自身形状与体积发生的变化，以内部力量的变化为手段，例如像藤蔓蔓延一般的生长运动具有扩张与延展的力量，控制物体体积增大与缩小的缩放运动体现着能量积蓄与释放。（图 2–2–28）

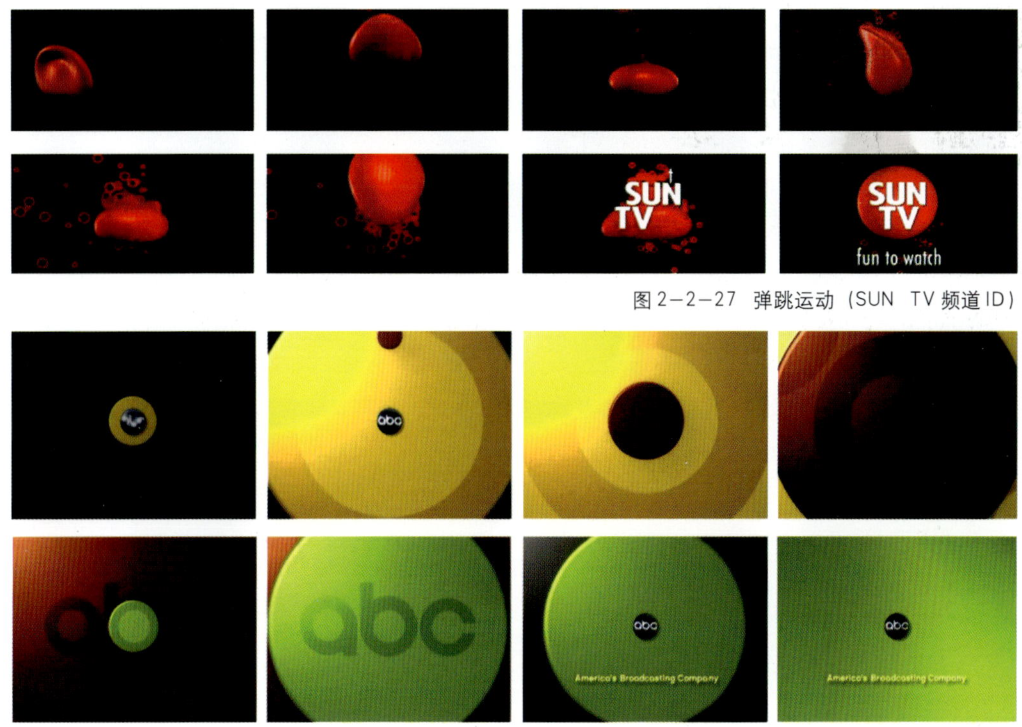

图 2–2–27　弹跳运动（SUN　TV 频道 ID）

图 2–2–28　缩放运动（ABC 频道 ID）

(2) 运动的速度

运动速度与时间的关系最为紧密，同样的运动距离用不同的速度完成，所用的时间与速度成反比，从而也影响心理时间的感应。运动速度越快，让人感觉时间越急迫，情绪随之也更加紧张；反之，运动速度越慢，让人感觉时间越漫长，情绪随之也更加松弛。

(3) 运动的轨迹

运动的轨迹是物体位移变化的路径，它的形状与变化是反映运动个性的一个重要参考值。直线的轨迹容易产生速度感，曲线的轨迹具有蜿蜒的美感，聚散状的轨迹具有向心力与爆发力，平缓的路径节奏单一，起伏的路径节奏多变等。(图 2–2–29)

(4) 运动的量感

运动的量感包括两个层面的含义。一个层面是指运动物体的多少所形成的运动数量，运动物体少则量感弱，主要通过对象的运动轨迹与节奏进行表现；运动物体多则量感强，主要以多个对象运动产生的合力与节奏为形式手法，例如众多对象从各方向朝着一个点同时运动可以形成强烈的向心力与凝聚力。

另一个层面是指运动或变化的速度所带来的运动重量，运动或变化的速度快，信息传递密集，因此运动重量强，反之则运动重量弱。(图 2–2–30)

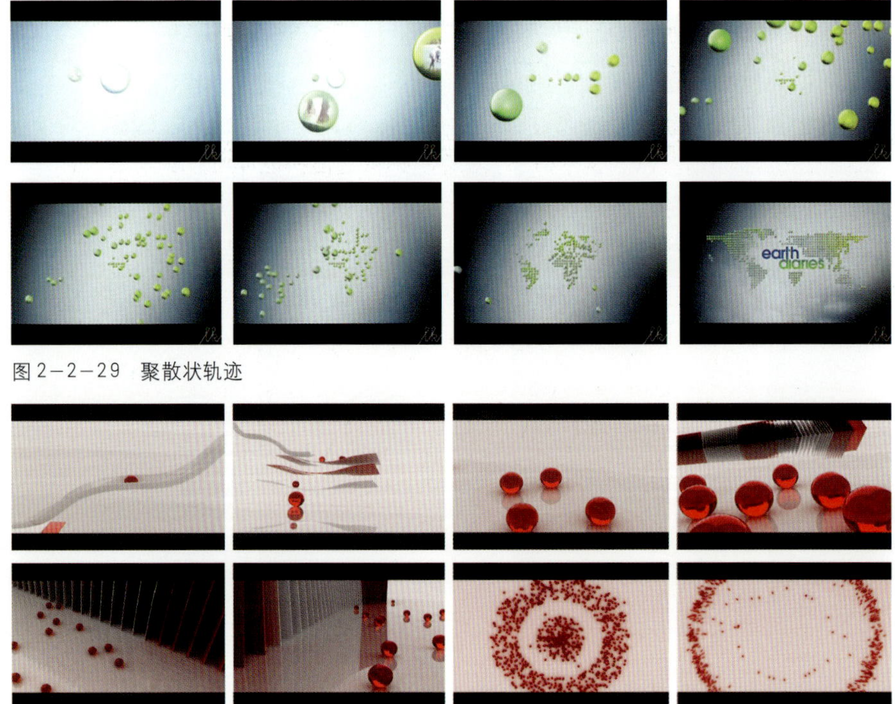

图 2–2–29 聚散状轨迹

图 2–2–30 运动的量感（TARGET 形象推广片）

2. 运动的功能

（1） 属性传递

运动是联系空间、时间与对象的关键元素，同时也是表现三者特性的主要手段。

A. 表现对象属性

运动的速度与轨迹可以表现运动物的性状，例如弹跳的高低说明质地的软硬，飘舞的高低表现质量的轻重，节奏的起伏意味着情绪的高低。

B. 表现空间属性

通过运动的方向、速度、范围表现空间的容量、形状。平面运动中的水平运动与垂直运动表现的是二维空间的面积，并且可以通过屏幕内运动与突破屏幕运动展示空间的封闭或开放状态。纵深运动表现的是三维空间的体量。

C. 表现时间属性

视频媒介中的时间关系不同于现实生活中的时间关系，现实生活中的时间不能控制，而视频媒介中的时间可以按照设计目的进行压缩、延长、重复、省略。设计者既可以用超常的快速运动变化压缩时间，在极短的时间内表现较长的实际时间，也可以用重复的、低速的运动延缓或停顿时间，达到突出信息的目的。

（2） 情感表达

运动节奏是表达情感较为直接的方式，快速节奏表达的情感激烈而紧张，舒缓节奏表达的情感悠然而缠绵，起伏剧烈的节奏表达的感情跌宕多变，波澜不惊的节奏表达的感情平和淡然。

（3） 视觉识别

相比色彩、光线与图像在各种媒介中的普遍性，运动是数字视频设计相对独特的形式手法。因此，通过有计划地、反复地运用某种运动方式与节奏，能够比较有效地形成固定的视觉印象，从而成为设计对象的识别符号。例如CCTV新闻频道ID，圆点坠落形成的涟漪运动不断重复，一方面表现了新闻的传播与连动特性，另一方面也让涟漪运动成为新闻频道的识别符号。（图 2–2–31）

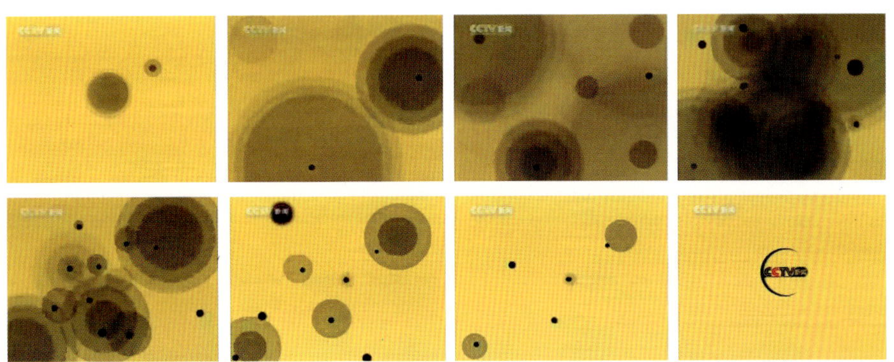

图 2–2–31　视觉识别功能（CCTV 新闻频道 ID）

3．运动设计的形式法则

（1） 重复与渐变

重复是指物体以相同的运动轨迹、运动方向、运动形式多次出现，可以强化视觉感受，但过度的重复容易呆板。渐变是指重复的量逐渐增强或逐渐减弱，最终达到顶点或消失，可以达到强调视觉感受的目的，与重复相比，形式更加灵活。（图 2—2—32、图 2—2—33）

（2） 疏与密

疏与密的概念可以从空间与时间两个方面进行理解。从空间上看，疏与密是指物体运动在某个空间中占据位置的多与少。从时间上看，疏与密是指在一段时间中物体运动存在的长与短，在时间线上运动疏松的时间段落信息量小，运动密集的时间段落信息量大。在前文提到的央视新闻频道的宣传片中，圆点坠落形成的涟漪运动在片子的开始和结尾段落比较稀少，在中间段落比较密集，形成了不同时间段之间的强弱对比。

（3） 起与伏

节奏是运动的灵魂。频率单一、缺乏起伏变化的节奏就如同钟摆摆动一样只能让人昏昏欲睡。运动的节奏由运动速度、运动轨迹、运动方式等多方面属性决定，因此对节奏起伏的控制不仅要针对单个运动属性进行微观地把握，还要对多种属性之间的整体节奏做宏观地调整。

A. 属性节奏

人们对节奏最深刻的理解大多来自音乐，打击乐中时松时紧、时快时慢的鼓点让人不知不觉的跟随摇摆，这是节奏对人最天然的吸引。由此及彼，运动的速度、轨迹与方式等属性需要进行快慢有致、松紧变化的控制，才能形成有起有伏的节奏。

B. 整体节奏

运动的速度、轨迹与方式三方面属性不是孤立的，它们存在于同一个物体在同一时间的运动过程中。因此，运动的快慢、起伏与状态必然会相互牵连影响。要确立运动的整体节奏，首先要明确运动表现的侧重面是哪一方。如果一个运动侧重表现的是运动轨迹的多变，那么速度与方式的节奏起伏就需要相对减弱；如果一个运动侧重表现的是运动速度的紧张刺激，那么轨迹与方式的节奏起伏也需要适当淡化。

（4） 对比与协调

对比是指在运动的方式、轨迹、速度等方面反差很大的多种运动方式并置在一起，同时出现于画面，或者先后出现于画面，能够产生冲突矛盾的视觉感受。协调是指在运动的方式、轨迹、速度等方面较为相似的多种运动方式并置在一起，同时出现于画面，或者先后出现于画面，能够产生和谐统一的视觉感受。（图 2—2—34）

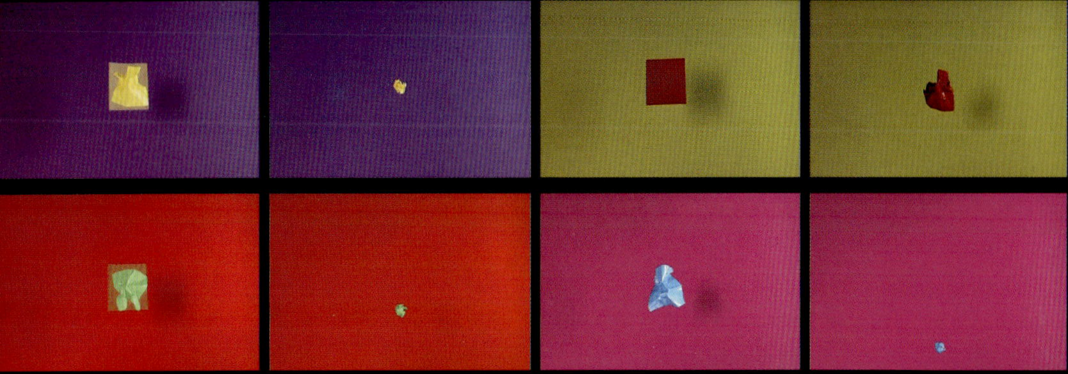

图 2-2-32 重复

图 2-2-33 渐变

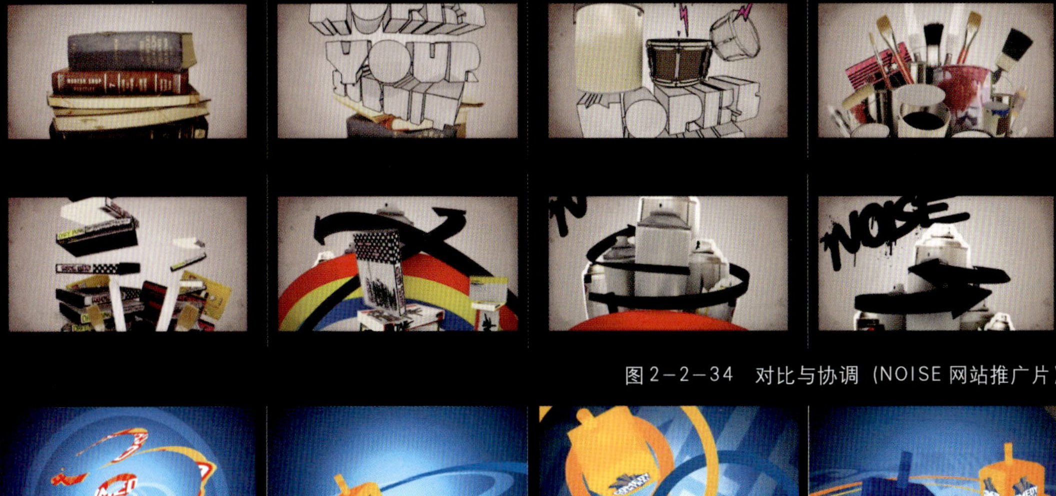

图 2-2-34 对比与协调（NOISE 网站推广片）

图 2-2-35 主要运动方式（COMEDY CENTRAL 频道 ID）

单纯的对比会显得视觉冲突过大，缺乏统一；单纯的协调会显得过于单调，缺乏吸引力。因此，运动方式、轨迹、速度不同的运动存在于同一时空中时，需要依据设计对象的特点与信息传递的需求，在对比与协调之间找到平衡点。在一个名为NOISE（噪音）的网站推广片中，视觉元素非常丰富，每一种元素出现的方式都各不相同，有的从上坠落，有的从下冒出，有的旋转出现，有的自我生长，运动方式的对比极为强烈。但是从运动轨迹来看，所有运动都是沿着画面中心的垂直线向上展开，运动的方向感极为统一。可见，对比的运动方式与协调的运动轨迹相互融合，使得整个设计既契合了"NOISE"的丰富多元之意，又实现了统一整体的视觉感受。

（5）主与次

主次分明的形式原则主要是针对群体运动而言，当多种运动在同一个时间段进行时，如果不对运动的方式与节奏在视觉层次上加以区分，就会形成运动形式上的混乱，并且破坏与其他视觉元素的关系。因此要做到主次分明的运动关系，最关键的是确立主要的运动方式与节奏。

A. 主要运动方式

大部分的物体以相同或相似的轨迹进行运动，可以形成视觉的重复，有助于成为运动的主导趋势。COMEDY CENTRAL在犹太光明节期间制作的频道宣传片，为了突出节日气氛与频道特点，采用旋转作为主要运动方式，包括了个体旋转与群体旋转两种形式，整个设计欢快轻松，整齐而有变化。（图2-2-35）

B. 主要的节奏关系

设计作品的节奏由设计内容的特性所决定，通过运动的轨迹、方向、速度等方面的变化形成的主要节奏关系，决定了作品的整体情绪基调。其他节奏关系为次要节奏关系，不能强于主要节奏关系。主要的节奏关系可以降低多种运动方式带来的嘈杂感，在变化与统一中找到平衡，谱写出运动的主旋律。

对于以动态表现为第一形式的视频设计而言，确定了主要的运动方式与节奏就为设计构造了基础骨架，奠定了整体节奏，是设计成功与否的关键一环。

思考题：

选择一个数字视频设计作品，从作品的设计对象与设计目的出发，针对形态构成、光影构成、色彩构成与运动构成四个方面对它的视觉语言进行分析。

第三节 听觉语言

由于人的眼睛与耳朵在生理构造上的巨大区别，人们在"看"与"听"时对信息的敏锐度、接受范围与接受量都有明显的不同。"人是先看后听，人的视觉神经传递信息速度为1200～1400米／秒，听觉神经传递信息速度为800～1200米／秒。"因此视觉感知的敏锐度强于听觉感知，人们总是容易先关注画面。"人眼的接受能力大于人耳，人的五官接受外界信息的比例是：视觉80%，听觉20%，其他不及1%。"因此，视觉感知的信息接受量比听觉感知大，人们对画面的理解程度往往高于声音。"人耳的传感方式是全方位的，场性的，这方面超过人眼，声音的传播因此是360度，视觉传播信息由于人眼视角的局限性，只能达到60度左右。"①可见，声音可以跳出镜头的表现范围，成为一种独立的信息途径，引导观众的思维与想象。

通过以上一系列的比较，我们可以看出，听觉感知在信息传递的能量与力度上弱于视觉感知，但是由于它可以不受镜头控制的独立性，使得声音能够弥补画面表现的局限性，同时也是一种形式创造与意念传达的手段。因此在数字视频设计中，要实现信息的有效传达，所依靠的不仅仅是画面的调度与控制，在很大程度上还需要声音的引导与烘托。

一、声音的基本属性

轻缓、热烈、刺耳、安静等词语经常被我们用来形容对某种声音的感受，可见声音不仅仅刺激听觉范畴的感知，更影响着我们对空间、时间、运动、情绪等其他因素的理解。因此，了解听觉感受与声音的哪些性质相对应，了解声音基本属性的具体作用，是我们掌握数字视频设计中听觉语言以及视听关系的基础。

1. 声强

耳朵感觉到的声音的强弱叫做声强，也就是我们平时说的音量，根据它可以把声音进行由轻到重的排序。回忆一下我们在生活中或者电影里的听觉经验：黑夜里由小到大的高跟鞋声，呼啸而过的救护车警报声，蜘蛛侠在城市上空的穿梭声……我们几乎仅通过音量的大小变化就能判断出发声物体在空间距离上的远近变化，因此声强成为在听觉上表现物体空间属性的常用手段。

2. 音调

音调主要由声音的频率决定，一般说来，小孩说话的音调比成人高，女

①周传基．电影电视广播的声音．北京：中国电影出版社，1991年，P.221～222

子声音的音调比男子高。在小提琴的四根弦中，最细的弦音调最高，最粗的弦音调最低。钢琴键盘靠左边的音调低，靠右边的音调高。音调的高低变化可以形成旋律的起伏关系，调动人的心理与情感变化，是音乐创作的主要表现手段。

3. 音色

音色体现着声音的性格，它与发声体自身的材质与结构密切相关。以常见的乐器为例，同样的曲子，即使音量和音调相同，但用不同的乐器演奏，听起来还是不一样，胡琴的声音柔韧，笛子的声音清脆，小提琴的声音优美，小号的声音激昂，就是由于它们的音色不同。

音色拥有声强与音调所不具备的象征作用。低沉的音色给人以浑厚有力的感觉，犹如波涛暗涌的大海；纤细的音色给人以淡淡愁绪的感觉，犹如午夜浅吟的夜莺。因此音色在很大程度上影响着人对声音的情感理解。

4. 节奏

狭义的节奏是指声音的快慢、长短、疏密关系，有规律的节奏（钟摆声、织布声、木鱼声）会让人感到安静、乏味甚至困倦，有变化的节奏（打击乐、鸟叫声、雨水的滴答声）会激发人的心理情感活动。

广义的节奏是指一段声音中声强、音调、音色以及狭义节奏之间的相互影响与配合而形成的整体听觉状态，能够引发观众在心理节奏上的共鸣。它不仅涉及对声音性质的理性理解，更要求对声音情感的感性把握，是声音属性学习中的较高阶段。

二、声音的类型

数字视频设计与电影电视中的声音类型大致相同，但是由于数字视频设计在诉求目的与表现结构上的不同，使其对声音的理解与运用也具有自身的特性。

1. 音乐

与其他听觉词汇相比，音乐是最抽象的听觉体验，它通过节奏与旋律将情节、气氛与情感等因素进行感性的概括与传递，最容易被受众感知并达到共鸣。音乐的一般意义在于它能够微妙地控制并引领人的情绪，通过旋律的起伏变化揭示事物内在品格，激发联想，表达那些用视觉形象与语言都难以展现的情感。

此外，音乐还可以制造特殊的地域感与时代感，节奏强烈的鼓乐让广袤的非洲大草原浮现眼前，质感温软的女声让人回到旧上海的霓虹时光。

与电影电视相比，数字视频设计作品的时间长度相对较短，因此对音乐的情感性、地域性及时代性要求更准确，必须在音乐出现的很短时间内让观众获得准确信息。例如凤凰卫视频道ID的音乐，旋律简单而不失宏大与华丽，一方面容易给观众留下印象，另一方面与片中翩翩飞舞的金色凤凰形象呼应融合。

2. 音响

音响是对除去言语与音乐以外的所有听觉感知的总称。它是以设计对象与创意的需要为原则，在客观听觉感知的基础上进行的主观调控。例如为表现物体快速运动而强调的“飕飕”声，为呈现环境的空灵感而增强的滴水声，为突出紧张情绪而加重的心跳声，这些都是在现实经验的基础上进行的艺术化夸张，既能够突显主题又不失真实感。

数字视频设计的目的是特定信息的视听传递，因此其中的音响一方面具有一般音响的普遍作用，另一方面更侧重于对声音表现力的强化，以此引起听觉上的注意力，完成信息的有效传递。

3. 言语

电影电视中最常见的言语是对白与独白，它以叙事为最终目的，是人物性格特征与故事情节表现的最直接手段。而数字视频设计中的言语是以传递设计信息为目的的，言语的内容往往是设计对象需要传递的核心信息，比如电视频道宣传片的呼号、电影片头中的情节关键词、数字广告中的广告语等等，因而要求理念提取精辟，语言结构简练，容易形成深刻记忆。

三、声音的基本功能

声音的类型与功能紧密联系，不同类型的声音在功能上有着不同的侧重点，针对这一点我们在声音的类型中都有针对性的提到，但是任何声音在听觉感知与视听传达中都具有原发性的相似点，这就是声音的基本功能：

1. 真实印证

声音对画面的印证是其在视听媒介中最基本最天然的功能，加探戈舞步配合旋律起伏的舞曲更能体现探戈的热情性感，飞速而过的飞碟伴随金属质感的滑音显得更为神秘，双手合十的人像伴着缓缓的独白让内心的起伏变化跃然眼前。

2. 情绪渲染

音乐、音响与言语在情绪渲染与情感抒发方面都具有很强的作用，但是三者在侧重面上各有不同。音乐主要用旋律与音色表达情绪，显得含蓄委婉；音响主要用节奏与质感渲染气氛，常常充满主观与感性的色彩；言语用内容与语气表述情感，直接明确，容易理解。

3. 声画组接

我们在声音属性中提到广义的节奏表现为整体的听觉状态，是整段声音的变化焦点，因此以音乐或音响的节奏点作为对象运动的起始点、镜头运动的起落点和画面组接的剪辑点，对声音与画面的相互配合、相互呼应与相互渗透，最终形成有机的视听整体印象有着非常直接而有效的作用。

此外，言语还可以运用其特有的逻辑关系与情感起伏成为画面表现的转折点，画面跟随对白、独白或画外音的叙述进行自然的变化发展，二者相得益彰，合二为一。

4．形象识别

数字视频设计涵盖了电视频道与栏目 ID、电影电视片头设计与数字广告等设计类别，这些设计类别虽然具有不同的具体目的与内容，但是本质目的都是为了让自己在众多的同类品牌中独具风格、脱颖而出，因此识别性对于视频设计具有本质性的意义。

声音的识别功能是数字视频设计声音运用区别于影视声音创作的一个显著特征。具有独特旋律与音色的声音能够让观众在没有看到画面的情况下也能够迅速识别出声音所代表的形象或品牌。最典型的例子来自每天 19：00 我们都会听到的一段庄重而又有穿透力的音乐，它的出现就意味着中央电视台新闻联播的开始。

四、声画关系

1．声画结合的意义

要了解声画关系，我们不得不提到动态影像艺术的先驱者——电影。1895 年 12 月法国卢米埃尔兄弟在巴黎卡普辛路 14 号咖啡馆里成功放映的《工厂大门》标志着电影的开端。电影发展的萌芽阶段属于默片时期，这个阶段的电影只有影像没有声音，人们只能通过视觉感知获取信息。由于不能知道人物的对话，不能辨别声音引起的变化，不能体会画面以外的空间，因此这时的电影只能称为狭隘的视觉艺术。此后很长的时期内，人们尝试过很多方法来弥补无声的缺陷，例如在电影播放时配音演员站在幕后讲话；用留声机与电影放映机一起播放；在电影放映现场用音乐伴奏等等。这些方法一方面难以达到准确的声画同步，另一方面只是作为一种弥补缺陷的手段，可以说，这个时期电影的声音与画面并没有被创作者作为一个艺术整体进行思考与创作。

1927 年 10 月，华纳公司出品的《爵士歌王》为默片时代画下了句号。人们在观看电影时能够体会人物对话时的情绪变化、能够听到窗外的嘈杂声、能够获得完整的视听感受，电影从此成为真正的视听艺术。从无声电影到有声电影的发展历程可以看出，声音与画面结合的意义远远不是“1 + 1 = 2”那么简单。

（1） 塑造完整的形象与空间

声音与画面都是塑造形象与空间的手段，我们可以利用声强由高变低表现声源距离由近变远，也可以通过物体的高频运动表现一种兴奋状态，但是当我们单独使用或体会它们时总会有一种缺失感。这是因为现实生活中我们是通过视觉与听觉两个渠道同时获取信息，当这种习惯被打破时我们就不能对获取的信息做出完全正确的判断：声强由高变低到底表现的是声源距离的变化，还是声源发声变小？物体的高频运动到底表现的是悲伤癫狂，还是高兴亢奋？

由此可见，单独的听觉传达或视觉传达由于信息的多义性都会使传递的准确性大打折扣。因此，对于对信息传递的准确性与有效性都有较高要求的数字视频设计来说，设计者必须将声音与画面作为表现的整体进行考虑。由高变低的声音配合由近到远的物体运动，可以让观众明白物体的运动方向与空间的结构；物体的高频运动配合欢乐的音乐，可以表现运动物体的愉快情绪。只有这样才能塑造出完整的形象与空间。

（2）提供多义的信息表达途径

虽然听觉与视觉信息在独立的传达上具有一定的多义性，但是由于声音与画面都拥有庞大的词汇与完整的语法结构，我们不能否认二者各自作为一种语言体系的独立性，这两种特性可以使声画序列不同时产生出各异的信息走向，这是声音与画面单独表现时都不可能实现的。例如水滴的嘀嗒声与带着露珠的叶片接在一起表现的是自然世界的清新，而与昏暗的囚房接在一起表现的是绝望孤寂的情绪。

2．声画关系的分类

（1）声画同步

声画同步是声画关系中最基础的，也是最容易被人接受理解的关系，它是指声音从出现、展开、变化到结束都与画面内容的发展进行保持一致，声音与画面按照现实逻辑相互呼应的关系。在这种关系中，画面是声音的领航旗，声音必须以画面走势为行进方向才具有意义。声画同步不仅能够在屏幕上还原现实的生活体验，还能够增强画面的真实感，增强视觉感知的感染力。

对于数字视频设计而言，表现时间远远短于其他的影视创作，是否能在短时间内迅速吸引观众的注意力直接影响着最终的信息传递效果。因此，运用声画同步关系容易同时调动起观众在视觉与听觉上的关注度，在几秒钟内激起观众的视听兴奋点。

（2）声画分离

"我们的听觉在任何时候都能容纳我们周围的全部空间，而我们的视觉却只能波及60度，甚至在我们注意力集中时只有30度，即使没有看到，听觉也会帮助人们了解外部世界的信息。这是声画分离关系的生理原理。"①可见，人们在接收没有视觉形象呼应的听觉信息时能够在一定程度上正确地理解信息。

声画分离是与声画同步截然相反的声画关系，画面与声音在形式上看似不同步、不匹配，但却是从不同的途径表现了某一个共同的设计目的。有意识、有用意地将声音与画面进行剥离、错位或者对立，能够突破一般的现实逻辑，有利于视频设计的创意表现。

A．铺垫

铺垫是指以感染力强的声音（如悬念性的、节奏性强的、充满感情的等）单独作为开场元素，引起观众的好奇或共鸣，从而形成对未出画面的高度期待，为设计的高潮部分作恰当的铺垫。在系列电影《007》的片头设计中，开场独特而有节奏感的音乐与画面中运动的白色圆点并无明显的形式与逻辑联系，但却引

①周传基．电影 电视 广播中的声音．北京：中国电影出版社，1991年，P.221～222

起悬念，正当观众疑惑之际，007的标志性形象随放大的白色圆点一起登场，增强了形象力度及画面的视觉感染力，这使《007》电影片头成为早期视频设计的经典制作。(图 2—3—1)

B.对立

声音与画面在内容、节奏与情感等各方面完全处于对立位置，通过冲突的状态深化主题。二者的对立使声音突破了常见的从属地位，具有相对独立的艺术表现作用。

(3) 声画对位

声画对位是指声音与画面在直观感知上相互脱离，但在意念传递上又相互支撑的结构形态。二者在对位的关系下产生了自身单独存在时所不具备的新合力，引发观众联想，最终完成主题的传达。可见，声画对位是声画关系中最难以说清楚，也是最具有审美情趣的一种，往往是渲染气氛、烘托情感的重要手段。在 FOOD NETWORK 频道 ID 中，设计者将烹饪工具的画面与交通工具的马达声进行声画对位的处理，突出了FAST FOOD（速食）的食物新概念。(图 2—3—2)

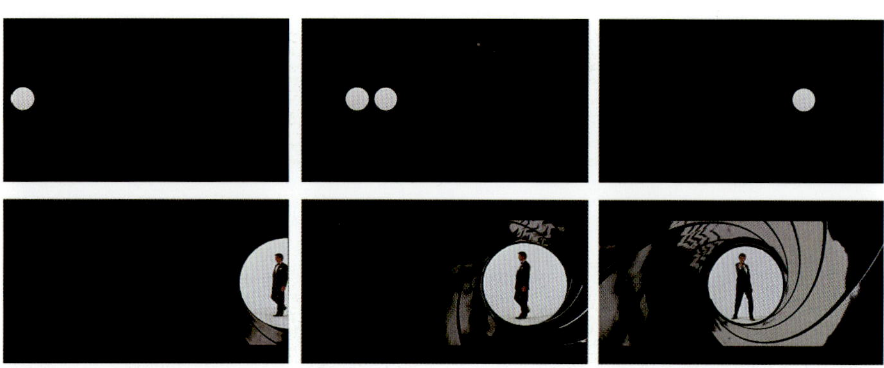

图 2—3—1 铺垫（《007》电影片头设计）

图 2—3—2 声画对位（FOOD NETWORK 频道 ID）

思考题：

选择一个数字视频设计作品，从作品的设计对象与设计目的出发，针对声音类型、声音功能与声画关系三个方面对它的听觉语言进行分析。

第三章 数字视频设计表达与剪辑

* **教学目的：**

本章通过对剪辑意义、剪辑原则、剪辑方法与剪辑结构等方面的讲解，使学生在理解了镜头语言、视觉语言与听觉语言三种语言类型的基础上，完成由掌握语言词汇到运用语法结构的能力提升，并且深入了解剪辑对于数字视频设计的创造性作用，从而较为全面地掌握数字视频设计表达的方法。

* **教学重点：**

剪辑方法与剪辑结构是本章的教学重点，前者侧重于剪辑的形式方法，后者侧重于剪辑的内容结构，二者都是剪辑工作在不同思维层面上的功能与方法，共同决定着数字视频设计作品的视听结构。

数字视频设计表达的主要目的是整合视觉与听觉两个渠道从而进行信息传递。要实现这个目的必须经历三个不同性质的工作阶段：脚本工作，用文字脚本与分镜头脚本设定出视听形象，这是设计表达的雏形；造型工作，将脚本创作中的形象塑造成为影像、图形、文字和声音等直观的语言要素，形成多个单独的视觉与听觉段落；当我们掌握了语言要素之后，搭建整体的视听传递关系成为数字视频设计表达的最后任务，这就是剪辑工作。

数字视频设计的剪辑来源于影视剪辑，因为前者的技术与工作方法在很大程度上借鉴了后者。但是，当我们对剪辑工作的目的进行辨别时，就会发现二者形成的表达结构大为不同。影视艺术中的剪辑为情节与叙事服务，它的目的是创造一个连续的、有现实逻辑的、与客观世界类似的时空结构。而数字视频设计中的剪辑则以设计信息的视听传达为目的，因此根据设计概念与创意的不同，有可能是与影视艺术相似的写实逻辑性结构，也有可能是突出视觉含义与形式关系的视觉逻辑性结构，甚至可能是二者融合的混合结构，具有灵活、自由、多变的特点。

第一节 剪辑的基本概念

一、剪辑的含义

在电影发展的初期，人们将把不同镜头的胶片衔接在一起的工作称作剪接（cutting），很明显，这只是一种技术性工作。随着电影作为一门独特的艺术形式不断发展，特别是蒙太奇理论产生后，剪接工作被赋予了创意性的意义，在包含了技术性工作的基础上具有更强的艺术性。"剪接"的概念已经不能承载此项工作的全部内涵，因此逐渐被"剪辑"（editing）所取代。

从剪辑一词的进化过程可以看出，剪辑包含了两个层面的内容：从初级层面上看，剪辑将造型工作产生的各个语言要素组接成为整体，是视听统一表达的基本方法；从高一级层面上看，将语言要素通过不同的顺序、方式与节奏进行剪辑可以表达出截然不同的含义，为寻求信息传递的有利途径提供了更大的可能性，是创造视听结构的有力手段。概括地说，数字视频设计的剪辑是指将若干语言要素根据设计对象的特性融合成整体的视听形象，并准确完整地表达信息意念的创造性工作。

二、剪辑的意义

1. 形成紧密的视听关系

剪辑工作从信息结构上实现了视觉语言与听觉语言的共存，让观众能同时感知视听信息，同时在此基础上使视听信息相互渗透融合，形成不可分割的、紧密的视听关系，实现数字视频设计中的信息传递。

2. 创造自由的时空结构

现实生活中的时间与空间是客观的、恒定的，人们只能无奈地感叹时间的流逝与空间的限制，不能做一丝一毫的更改。而数字视频设计中的时间与空间则不同，剪辑犹如一个神奇的时空转换器，能够任意地拉长、缩短、切断与粘贴不同的时间，跨越与拼接不同的空间，创造出一个不受约束、自由的时空新境界。在这个具有无限可能的时空中，数字视频设计的信息能量得到了最大限度的扩展。

3. 传达明确的设计主题

虽然剪辑能够融合视觉与听觉语言，并且创造出从未有过的自由时空，但一切的剪辑行为都是以设计内容的特点与信息传递的目的为前提的，任何形式的剪辑技巧与手法都不能凌驾于设计内容之上。只有表达明确的设计主题，才能体现剪辑的价值与意义，这既是剪辑的功能，也是它最终的目的。

三、剪辑的原则

剪辑是数字视频设计表达中最关键的一环。它组织并控制语言元素，剪辑的切入点、方式与节奏等属性影响着整个作品的信息流程与感知方式。简单地说，它影响着观众对设计作品的整体印象，因此剪辑是一项需要深入考虑的、遵循一定原则的、严谨的创作工作。

1. 准确性原则

数字视频设计的根本目的是信息的有效传递与接收。剪辑作为作品成形之前的最后也最关键的一项工作，应该依据设计信息的特点与受众需求，尊重设计目的，选取能够构成完整信息的镜头进行准确的表达，这是剪辑的基本原则。

2. 流畅性原则

虽然准确性是剪辑的基本原则，但是如果只将有效镜头进行简单地拼接是不可能达到这一要求的。设计者必须要保证镜头组接后能够形成一个流畅而连续的信息流，观众才能顺利地接收并理解镜头之间的逻辑联系，从而获得一个准确完整的设计概念。因此，流畅性原则既是准确性原则的保障，也是对剪辑工作的更高要求。

3. 节奏性原则

总的来看，准确性与流畅性只是数字视频设计剪辑的一般性原则，剪辑的作用与意义不能仅仅停留在准确与流畅表达的层面，观众也不会仅仅满足于一个“能看明白”的状态。作为一个能让观众接受、喜欢、能留下深刻印象的设计作品，准确性与流畅性只是一个底线，节奏性才是能够带来视听愉悦、让信息传递更加舒适、具有更高审美层次的剪辑原则。

思考题：

什么是剪辑？它包括了哪两个层面的含义？

第二节 剪辑的方法

一、剪辑点

剪辑点是指两个镜头相连接的点，这个点可以使不同内容的镜头画面构成一个完整的动作或概念，它是剪辑手法与技巧的前提，是形象塑造与信息传递的关键点。一个恰当的剪辑点能够使镜头的转换形式与画面的表现内容实现有机的融合。因此，设计者应该根据对象特点、画面氛围、镜头特点与表现目的等方面的不同倾向选择剪辑点，满足画面连续、声音顺畅、节奏分明、情绪连贯的要求，从而实现信息的最佳传递。

1．运动剪辑点

数字视频设计的运动涉及人的运动、人的肢体动作、物体的位置运动与形变运动等。运动的发生点一方面是视觉感知上的拐点，另一方面也常常是关键信息的发生点或转折点。因此选择动作发生点作为剪辑点既可以满足视觉上的流畅感，也可以实现信息传递的连贯性。（图 3—2—1）

2．情绪剪辑点

情绪是人物或拟人化形象的心理运动在面部表情或肢体语言上的直观表现，是渲染画面气氛与信息传递的重要手段。以人物或拟人化形象的喜、怒、哀、乐等情绪为依据来进行剪辑，可以满足情感上的连贯性需求，也使信息的发展与变化显得自然流畅。与运动剪辑点不同的是，情绪剪辑点没有确切的规律可循，要求设计者在充分理解表现对象的含义与情感走向的基础上进行选择判断，是对设计者的艺术理解与审美能力的一大考验。

在Mini Babybel（一种即食奶酪）的广告中，印刷工人不小心将Mini Babybel的包装投入了印刷滚筒，于是戏剧化的事情发生了，报纸上参加竞选的候选人脸部被印上了犹如小丑鼻子的红色圆形，当这些报纸送到人们手中并被展开时，所有的人都在稍微一愣后发出了爽朗的笑声。设计者正是利用开怀大笑的这个情绪点进行剪辑，转换不同的场景，表现出了共通的情绪状态。（图 3—2—2）

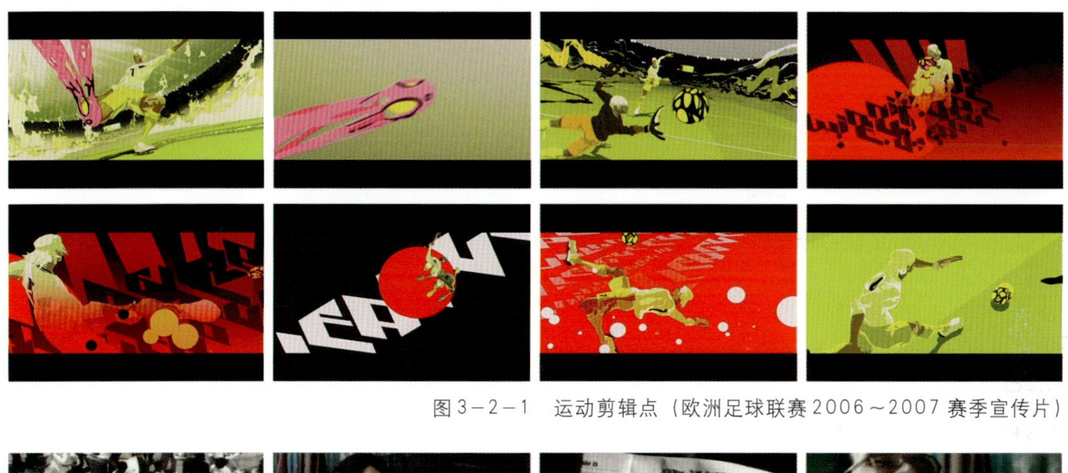

图 3－2－1　运动剪辑点（欧洲足球联赛 2006～2007 赛季宣传片）

图 3－2－2　情绪剪辑点（Mini　Babybel 广告）

3．节奏剪辑点

运动剪辑点与情绪剪辑点都是根据画面中的具体形态变化进行剪辑的，节奏剪辑点与二者不同，它并没有具体的形态参照物，而是在整体把握信息发展趋势与节奏的基础上进行的宏观控制，某种意义上它决定了观众对设计作品的总体理解程度与整体印象。

图 3–2–3　言语剪辑点（Super　Lotto 推广片）

4．声音剪辑点

在听觉语言中我们了解到，声音类型包括音乐、音响、言语，三者在听觉表现与信息传递上各有侧重，因此在剪辑点的切入上也会有所区别。音乐剪辑点主要以音乐的旋律与节奏变化为画面剪辑依据，视听关系自然流畅；音响剪辑点与音乐剪辑点有相似之处，主要以音响的起落、强弱与节奏变化为画面转换的基础，视听关系强烈而充满感染力；言语剪辑点与前二者不同，它借助的是言语自身的内容性、逻辑性与情绪性的转折变化，使视觉语言与听觉语言的表达在内容与情感上更加融为一体。

下面是 Super Lotto（超级乐透）的系列推广片之一，语言是整个设计中的信息引导。富有磁性的男声一直在强调一个单词"only"（仅仅），他说："仅仅是 6500 平方的土地，仅仅是 3 克拉的钻石，仅仅是一次小小的度假，仅仅是百万元，这一切 Super　Lotto 都可以带给你。"每当他用不屑的声调提到这些信息时，画面中反而会出现让人兴奋不已的大型庄园、巨型钻戒、环球旅行、百万数字。整个设计通过反常的语言逻辑引导视觉信息的转换，巧妙、轻松、准确地传达出了设计对象的特性。(图 3–2–3)

图 3—2—4　动作组接（NIKE 广告）

二、常见的镜头组接方式

1．无技巧剪辑方式

无技巧剪辑方式也叫作硬切，是指前后两个画面直接组接，在技术上没有任何过渡与缓冲的剪辑手法，具有简洁明快的特点。由于硬切没有借助任何辅助效果，因此在剪辑点的选择上更加谨慎严格，相连接的两个画面必须在形态、动作、声音与逻辑关系等方面具有一定的相似性或联系性，才能实现时间与空间流畅转换。

（1）利用动作组接

利用动作组接是指前一镜头与后一镜头的主体动作在形式或内容上相互关联，这个动作即可以作为前后两段的过渡形式，也可以作为省略时间与空间的方法。在 NIKE 品牌以“just do it”为主题的推广短片中，选取了各种场合中运动员在比赛开始前的紧张与兴奋状态的画面，并且借助运动员的肢体动作将不同的场景紧密地组接起来，一方面加强了空间上的连续性，另一方面也强化突出了“just do it”的运动精神。（图 3—2—4）

(2) 利用特写镜头组接

特写具有将表现对象从所处环境中抽离出来的特殊视觉特性。因此，两个特写镜头相接时观众的注意力完全被画面细节所吸引，从而忽略了时空转换上的不流畅感。在 Channel V 的情人节“恋爱十八招”短片中，为了表达其中一招“欲擒故纵”，男主角的眼镜由透明变成旋转的涡轮状，显出他已经心猿意马，突然镜头拉近，对圆形眼镜进行特写，呈现出正在奔跑的女主角，以此表达“纵”的意思。镜头重新拉远时，圆形已经变成了男主角手中随意控制的溜溜球，而女主角仍然在圆形的溜溜球中奔跑，以此表达“擒”的含义。短片通过特写镜头的转换非常幽默而准确地表达出了恋爱中的“欲擒故纵”。(图 3−2−5)

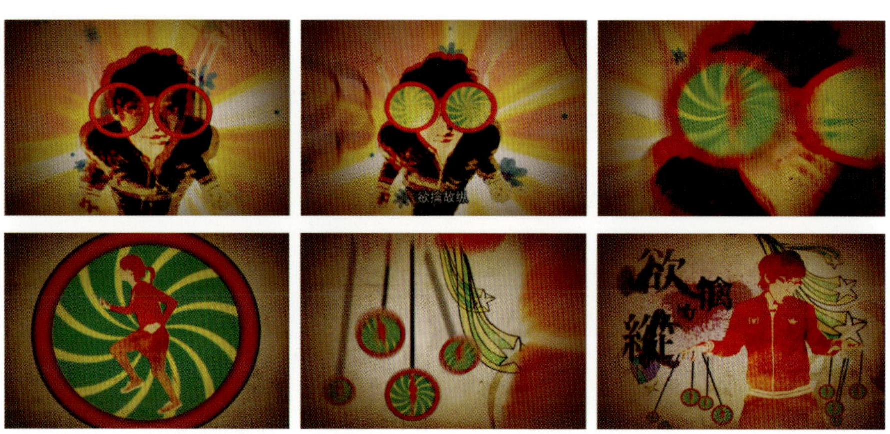

图 3−2−5　特写镜头组接（“恋爱十八招”短片）

(3) 利用形态相似性组接

利用两个镜头中的主体在形状、色彩与位置等形态上的相似之处，作为衔接不同时间与空间的手段，可以获得连续、流畅、自然的剪辑效果。在NBA的宣传片中，黄色的篮球与圆形具有相似的外形与色彩，是不同镜头之中的相似因素，成为镜头快速组接的道具，使得作品呈现出动感流畅的视听感受。(图 3−2−6)

图 3−2−6　相似因素组接（NBA 宣传片）

(4) 利用遮挡物体组接

遮挡是指画面中的某一元素暂时遮挡主体对象，当遮挡物移开时已经呈现出另一个主体或场景，这种方式巧妙生动，具有视觉上的游戏性与趣味性，同时能够弱化镜头组接的不流畅感。CCTV—8电视剧频道的宣传片就是利用了遮挡物体进行镜头组接，片子全部采用右移镜头呈现人的幼年、青年、中年的不同经历，体现了人生的故事性。当前一个阶段的画面快要结束时，巧妙地在前景部分利用央视摄制团队的拍摄场景对画面进行遮挡，随着镜头继续向右运动又显现出下一个人生阶段的画面。整个设计的内容与剪辑形式协调一致，情绪流畅自然，一气呵成。(图 3—2—7)

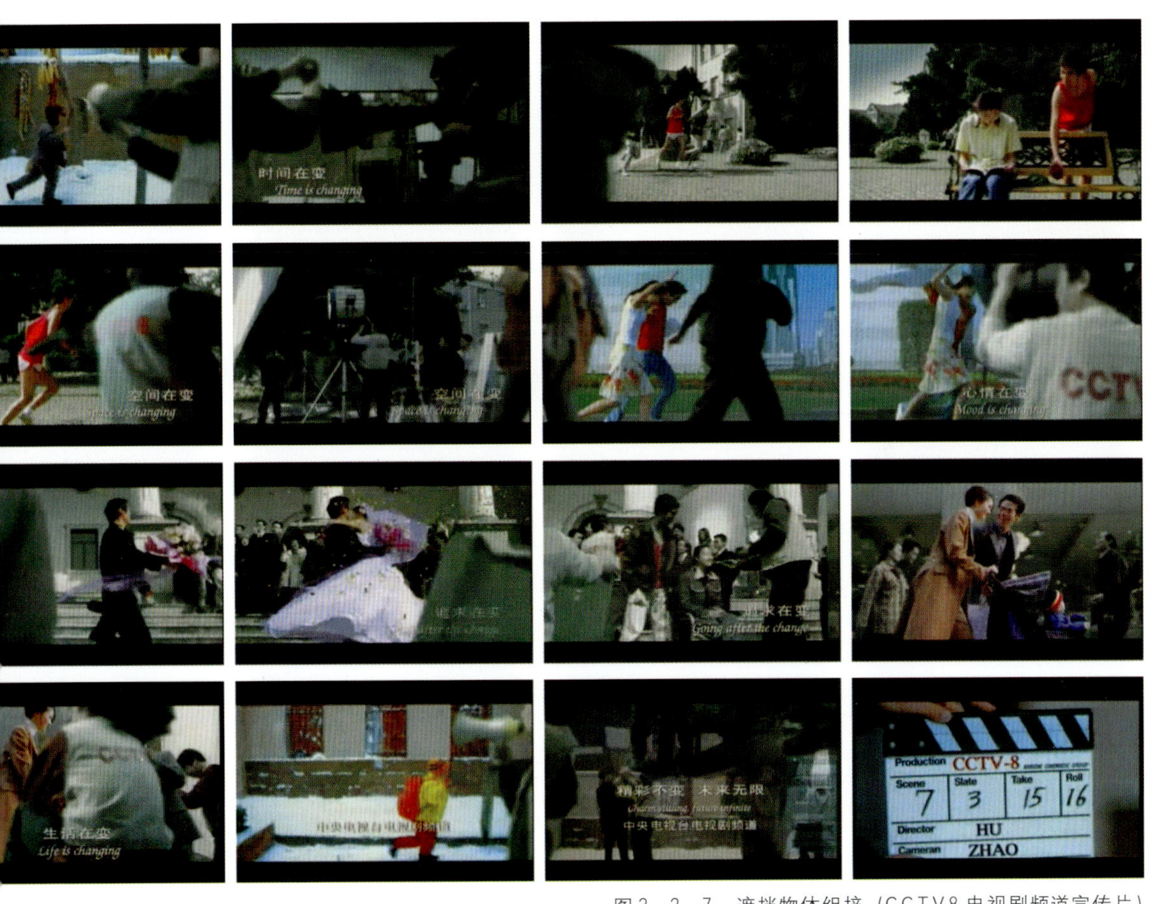

图 3—2—7 遮挡物体组接（CCTV8 电视剧频道宣传片）

2. 特殊效果剪辑方式

特殊效果剪辑方法是对传统影视艺术中的特殊光学剪辑技巧的延用，并利用数字技术取得了更加灵活多样的发展。它独立于设计内容之外，具有主观性、形式化较强的视觉特点，以下是常见的几种剪辑方式。

（1）淡入淡出

淡入淡出是指前一画面变暗消失后，后一画面逐渐显露直到清晰。它常常用来表现一个视听段落结束，另一个视听段落开始，是表现差异较大的时空间隔与情绪转换的重要手段。（图 3–2–8）

图 3–2–8　淡入淡出

（2）叠化

叠化是指前一画面变暗消失之前，后一画面已经开始逐渐显露，两个画面短暂叠加直到后一画面完全显现，场景转换柔和而紧密，它是表现关系密切的时空转换与深化情绪的重要手段。（图 3–2–9）

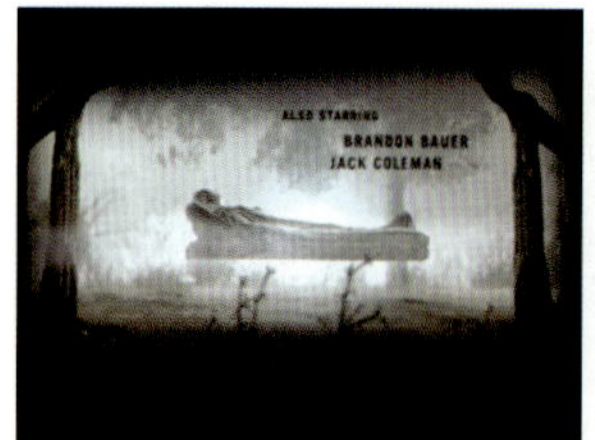

图 3–2–9　叠化

（3）划

划是指前一个画面渐渐划去的同时后一个画面渐渐划入，两个画面之间有非常明显的交界线，这个交界线可以是直线、弧线、方形、星形、扇形、不规则形等任何形状。划的速度一般较快，常常用作连接不同的时间与空间，或者同一时间中的不同空间，剪辑形式活泼明快，适合表现节奏紧凑的设计内容。（图 3–2–10）

（4）甩

甩是指镜头从表现对象上突然快速移开，或者从别处突然快速移动到表现对象上。在甩的过程中对象变得模糊，使得观众的意识可以从刚才的场景

中迅速地抽离出来并进入下一个场景。由于甩的速度很快，因此这种剪辑方式适合快节奏的剪辑需求。(图 3–2–11)

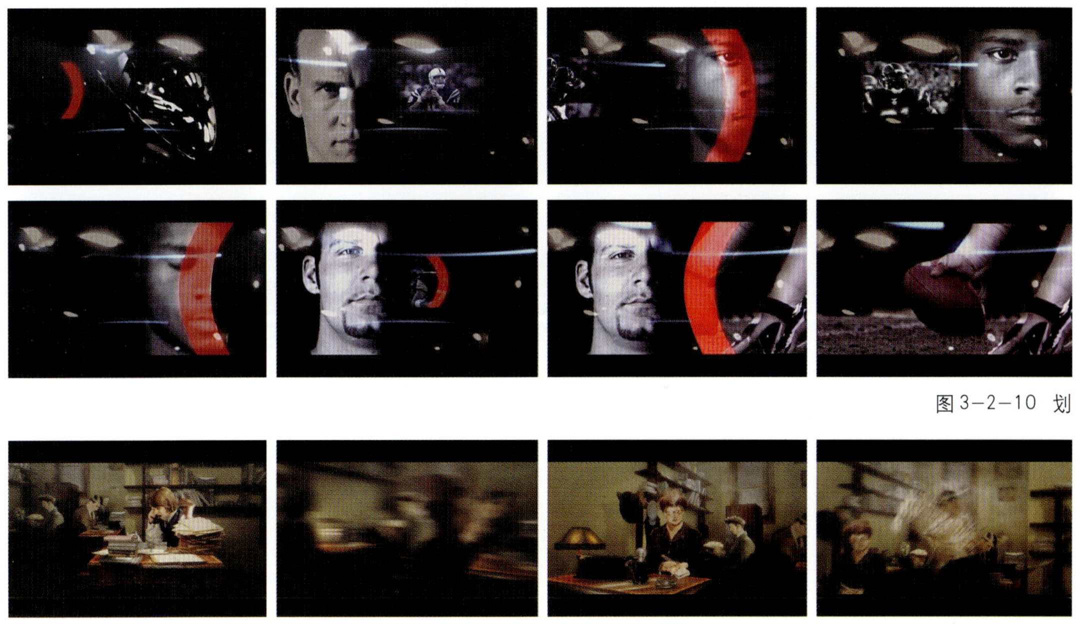

图 3–2–10 划

图 3–2–11 甩

三、剪辑的节奏

如果将数字视频设计与平面设计做一个类比的话，不太恰当地说，数字视频设计的剪辑节奏就如同平面设计中的版面关系。平面设计中的字体结构、色彩关系、插图创意无论多么尽善尽美，如果没有纵观全局的版面调控，必定缺乏整体的视觉吸引。数字视频设计也是如此，如果只将美妙的镜头与动人的音乐随意地剪辑在一起，缺乏总体的节奏设计，同样不可能获得完整而愉悦的视听感受。因此可以说，剪辑节奏就是数字视频设计的形式骨架，决定了作品的整体视听形态。

1．控制剪辑节奏的要素

(1) 镜头的长度、数量与密度

在一定长度的时间段中，镜头的长度、数量与密度的强弱意味着信息量的多少，而信息量作为内容性因素不可避免地对外在的形式节奏有着主导性的影响。因此，镜头的长度越长、镜头数量越少、剪辑密度越低，形成的剪辑节奏就越慢；相反，镜头的长度越短、镜头数量越多、剪辑密度越高，形成的剪辑节奏也就越快。

（2）镜头组接的速度

镜头组接的速度由组接方式决定：淡入淡出的方式，由于前一镜头结束后，后一镜头才显现，因此组接速度较慢；划与叠化的方式，由于前后镜头在时间上有交叠，因此组接速度稍快；硬切的方式，由于镜头直接组接，没有任何特殊技巧，因此组接速度最快。

2．剪辑节奏

虽然我们在前面将数字视频设计与平面设计进行了类比，但是由于表现载体与结构的巨大差异，我们不能以平面静止的思维来控制数字视频设计中的节奏关系。数字视频设计作为一个处于运动状态，且需要借助时间来呈现的特殊设计类别，它的一切都建立在时间的基础之上，剪辑当然也不会例外。从宏观来看，剪辑是对整体时间的调控；从微观来看，剪辑是内部个体时间之间的连接方式。因此，数字视频设计剪辑的节奏需要从整体与局部两个时间层面进行把握。

（1）根据内容特性确定剪辑的整体节奏

从本质上说，剪辑节奏是数字视频设计内容的一种外在表现形式。因此，节奏基调应该以设计内容的特性为依据。对于激烈、活泼、对比感强的内容，应该多使用长度较短的镜头，增加镜头数量，加快镜头的组接速度，通过快速跳跃的画面转换调动观众的兴奋情绪。MTV 电玩疯栏目 ID 就是一个典型的快节奏剪辑例子，设计者为了突出电玩游戏的刺激与疯狂，在短短的 12 秒时间里进行了超过 12 次的剪辑，配合快节奏的电玩音乐，给人留下了眼花缭乱的强烈视听印象。（图 3—2—12）

图 3—2—12　快节奏剪辑（MTV 电玩疯栏目 ID）

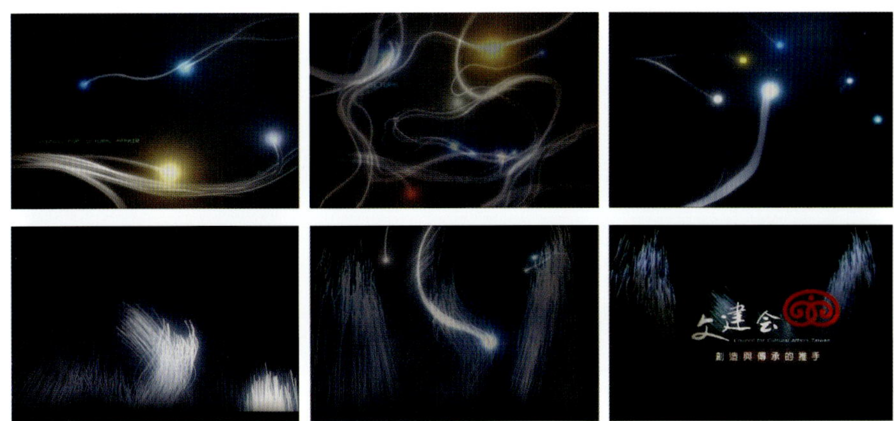

图 3－2－13　慢节奏剪辑（文建会宣传片）

相反，对于宁静、祥和、协调性强的内容，就应该多使用长度较长的镜头，减少镜头数量，减缓镜头的组接速度，通过缓慢自然的画面转换延续观众的安静情绪。台湾文建会以“创造与传承的推手”为发展理念，在它的宣传片中营造的是一种悠远、静谧、融合的情绪氛围，因此在近 30 秒的时间内只进行了 6 次剪辑，缓慢的剪辑节奏与内容性质贴切一致。(图 3–2–13)

(2) 整体节奏中的局部变化

整体节奏是一个设计作品在时间上的整体协调性，但这并不意味着整个作品中必须运用同样长度的镜头，保持相等的剪辑密度，采用相同的镜头组接速度。如果片面地将总体节奏理解为死板的标准，只会制造出平淡无味、缺乏变化的视听结果。

在整体节奏的基调下，应该根据内容的脉络结构与传递需求进行局部节奏调整，恰当地区别不同信息段落中的镜头长度、数量与组接速度。例如在慢节奏的作品中，可以适当地加快核心内容的剪辑节奏，以此引发情绪的高点。或者在快节奏的作品中，为了突出关键信息的细节表现，可以适当地放缓剪辑节奏。通过对整体节奏的微调，可以形成轻重明确、疏密有致、张弛有度的信息结构。

思考题：

选择一个数字视频设计作品，从作品的设计对象与设计目的出发，针对剪辑点、镜头组接方法、剪辑节奏三个方面对剪辑方法进行分析。

第三节 剪辑结构的类型

一、写实逻辑性结构

1．写实逻辑性结构的概念与功能

写实逻辑性结构是以现实生活经验为参照，将不同时间与空间的镜头组接成为连续时空的剪辑方式。通过这种结构能够将发生在不同时间与空间中的事件串接起来，建立一个在视听感受与信息感知上连续而完整、真实而独立、可以等同于客观世界的时空结构。

基于这种连贯而真实的特性，写实逻辑性结构成为所有以纪实与叙事为表现目的的影像创作的基本剪辑方法。在写实性的影像中，一个连续的时空关系是观众理解故事情节与故事整体线索的视觉与信息基础，只有让观众确信自己处于一个真实完整的时空中时，其中细节的、关键的、核心的信息才能顺利地传达。

2．写实逻辑性结构的特性

（1）客观性

写实逻辑性结构的目的是创建一个与客观世界的视听感知相一致的时空结构，因此在剪辑技巧上必定会参照客观世界的感知经验与逻辑关系，这就使它具有客观性的特点。

（2）连续性

现实世界的时间不可中断，空间与时间紧密联系，因此连续性是现实时空关系的基本特征。写实逻辑性结构以现实时空关系为基础进行剪辑，因而必定也具有连续性的特性。所谓连续性，一方面是指视觉时空上的连续性，也就是视觉感知上的连贯时空；另一方面是指心理时空上的连续性，虽然观众看到的时空是中断的，但是通过前后内容的关联与思维的联想，能够在心理上形成连续的时空关系。

3．写实逻辑性结构的剪辑技巧

作为以纪实与叙事为主要目的的写实逻辑性结构，最重要的任务就是建立一个让观众信服并沉醉其中的〝真实的〞时空幻境。而要实现这一〝企图〞，就必须保持时间与空间上的写实性。

（1）保持时间的写实性

A.保持运动的连续性

在运动的功能中我们提到，运动是时间最直观的视觉表现，没有运动的过程我们无法感知时间的进程。因此，观众判断一段时间是否真实的依据来自于运动是否符合现实逻辑。要实现运动的逻辑性，最简单的方法就是采用连续不断的拍摄或者制作一段不间断的动画，也就是我们所说的长镜头。但是，长镜头很容易受拍摄环境的影响。因此，当某些设计概念不适合采用长镜头时，就需要进行多视点多镜头的展现。这时矛盾产生了，多视点多镜头的表现方式与现实生活中连续的视觉逻辑不相符合。当不同视点或不同时间的运动相组接时，运动的连续性受到影响，从而引起观看的不流畅感，使得时间的写实性也被打破。所以，要解决视点变换、时间中断与运动连续性之间的矛盾，就需要在剪辑技巧上进行视觉弥补。

落幅与起幅

在进入具体的剪辑技巧之前应该先理解两个概念：落幅与起幅。落幅是指一个完整镜头的结束画面，要求有一定的长度与稳定考究的构图，但最重要的是能够在最恰当的时间与空间自然地停顿下来，交代镜头的表现目的。起幅是指一个完整镜头的开场画面，有一定的长度，构图考究，视觉感受上稳定，信息内容上有为后续变化进行铺垫的作用。（图 3–3–1）

固定镜头组接

两个主体运动的固定镜头组接时，应该去掉前一镜头的落幅与后一镜头的起幅，使主体在运动的过程中进行组接，组接时需要根据两个镜头中主体之间的运动方向、速度与位置等特点选择剪辑点。

主体分别是静止与运动状态的两个固定镜头组接时，要根据组接顺序进行区分。如果主体静止的镜头在前，那么在后的主体运动镜头要保留一定的起幅进行组接；如果主体运动的镜头在前，要保留一定的落幅再接主体静止镜头。

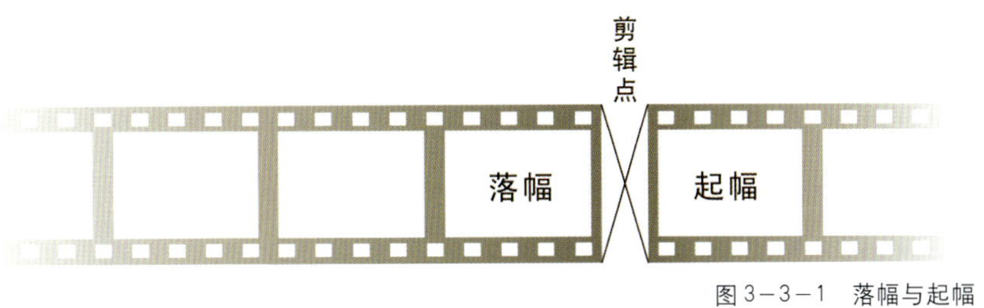

图 3–3–1　落幅与起幅

运动镜头组接

主体状态相同，即前后两个镜头中的主体都处于静止状态或都处于运动状态，应该去掉前一镜头的落幅与后一镜头的起幅，并且根据镜头运动速度、主体运动特征与构图特点进行组接。

主体状态不同，若前一镜头主体静止，后一镜头主体运动，应该保留后一镜头中的起幅，从主体运动开始前的片刻停顿开始组接；若前一镜头主体运动，后一镜头主体静止，应该等到前一镜头中的主体运动完成后，保留后一镜头的落幅进行组接。同时还应该考虑前后镜头运动的速度与构图特点进行有机的、连续的组接。

固定镜头与运动镜头的组接

由于固定镜头与运动镜头内的主体状态还有动静之分，因此二者相组接的关系比较复杂，基本的原则是保留运动镜头的起幅与落幅，使其与固定镜头形成“静接静”的关系。但是由于设计目的的特殊要求，只要符合视觉习惯或现实逻辑关系，也可以采用“动接静”的组接方法。

B.保持心理的连续性

在保持运动的连续性中，我们了解的是如何通过剪辑制造出一个看似连贯的运动，以此来表现一段感觉真实的时间。但是数字视频设计与客观世界中的时间概念是不一致的，往往需要在短短的几秒到几十秒的虚拟时间里表达几分钟、几天甚至几十年的现实时间长度，不可能原封不动地照搬现实世界的时间结构。因此设计者不得不省略掉不重要的时间段，将具有代表性的部分镜头组接起来表达一个完整的时间概念。此时，运动的连续性与时间的缺失形成了一个矛盾体，要解决这个矛盾最有效的方法就是引导观众的联想思维，运用想象力来保持心理的连续性。

动作暗示

当一个镜头中的主体运动具有非常强烈的目的时，能够暗示运动的发展趋势，观众依照生活经验与想象力可以理解运动的完整状态。这时省略掉运动过程中不重要的时间段，直接与下一个关键镜头相接，不会影响观众对整个运动的正确理解。下图中的新娘将手中的花束抛向空中，但花束落下的地方已经是在火车厢内，大家正在争抢花束。设计者通过这种动作暗示的方式大胆地省略掉了中间的时间，引出后面的情节，同时也巧妙地保持了时间的写实性。(图3–3–2)

图 3－3－2　动作暗示

淡出淡入

在镜头组接方式中我们提到了这种特殊技巧的光学效果，与前一种方式善于压缩短时间运动的功能不同，淡出淡入的方式适合表现从一个时间段落到另一个相隔较远的时间段落之间的大跨越，例如从今天到几天后的转换、从现在到十年前的转换。通过淡出能够使观众从前一个时间段中慢慢地抽离出来，利用短暂的黑屏能够使思维有片刻的休息，再运用淡入自然地进入下一个时间段。

C.影响时间连续性的组接方式

我们在进行剪辑工作时，有可能会因为设计对象或信息的特殊性，进行一些突破一般规律的剪辑，但是在正常情况下有一条是不能违背的：同一机位、同一景别、同一主体的两个镜头不能相接。

由于相同的机位与景别使前后镜头具有相同的空间结构，因此观众的注意力完全集中于对运动的关注，此时任何一丝的不连贯都会引起视觉不适。但是，两个单独镜头中的同一主体在实际拍摄中不可能保持连贯的运动关系，因此同一机位、同一景别、同一主体的两个镜头直接组接会产生跳动错位的感觉，从而导致时间的断裂。如果这样的两个镜头由于不能避免的原因必须相接时，可以采取叠化的特殊技巧，缓解直接相接的不流畅感，保持时间的连续性。

（2）保持空间的写实性

A.遵守轴线规则

如同时间需要通过运动来表现一样，我们对现实空间的理解很大程度上依赖于方位感的确立。因此在数字视频设计中，只有画面元素之间的方位关系具有现实的逻辑性与完整性，观众才能理解并接受这个空间。轴线就是帮助人们保持这种方位逻辑性与完整性的有利工具。

首先我们要理解什么是轴线，轴线是拍摄（包括实景拍摄与数字软件中的虚拟摄像）中依据被表现人物的视线方向、运动对象的运动方向和人物之间的交流而假想的一条虚拟的线，可以简单理解成被摄主体之间的连线。例如：两个人对坐着进行交流，连接两人的虚拟线就是关系轴线；汽车向前行驶，前进方向的延伸线，就是方向轴线；两组球队进行比赛，由向对方进攻的点形成一条虚拟线，就是运动轴线。

摄像机必须在轴线一侧，也就是在180度之内的区域设置机位、安排角度、调度景别，如果越过了这一区域，观众对方向与位置的理解就会混乱。因此，无论摄像机的位置高低与仰俯角度如何变化，镜头运动多么复杂，都必须遵守轴线规则，才能保持主体的方位关系在画面中的逻辑性与完整性，形成连续的空间关系。（图 3-3-3）

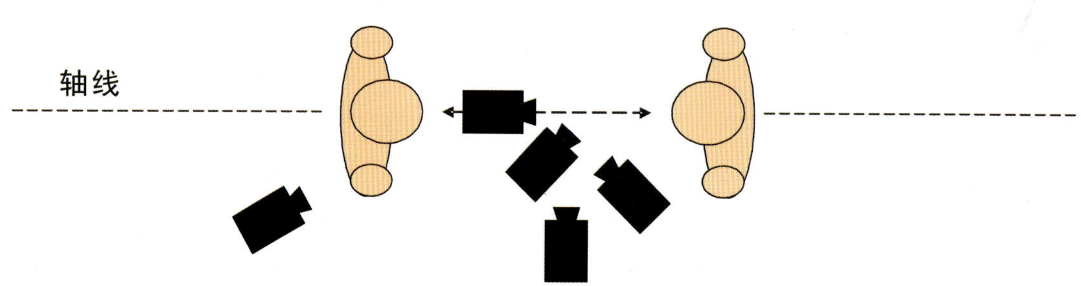

图 3-3-3　轴线规则

图 3-3-4　大景别标明空间关系（可口可乐广告）

B.运用大景别标明空间关系

轴线规则解决了基本的观看方向问题，而观众要进一步理解表现对象之间的空间关系，则需要在观看的方式上进行引导。我们在景别部分了解到，近景与特写镜头是表现对象细节与微妙关系的主要手段，往往是一组镜头中的信息重点，但同时却由于观众被给予的视野范围较小，容易导致表现对象与环境之间的脱离。因此，当对象需要运用小景别进行细节性表现时，应该在此之前接入一个能够表现对象与周围环境的空间关系的大景别镜头，使观众在树立了一个宏观的空间概念之后再进行微观的信息接收。这样，即使小景别中对象的属性发生任何变化，也不会阻碍观众对空间连续性的理解。(图 3—3—4)

二、视觉逻辑性结构

1．视觉逻辑性结构的概念与功能

与写实逻辑性结构完全参照现实生活经验进行剪辑的出发点不同，视觉逻辑性结构是一种以客观逻辑为基础，超越正常生活经验的剪辑方式。虽然视觉逻辑性结构建立的时空关系在视觉表达上是跳跃的、断裂的，但是在信息传递上是连贯的、流畅的。可以说它创造的视听感受常常是在意料之外，而随之带来的心理感受却总是在情理之中。

视觉逻辑性结构能够抛开现实时空关系的束缚，强调元素自身的内容性联系，突出视觉形式的冲击力，表达不受情节与故事限制的更为广阔、更为深刻的思想与情感，适合表现非叙事性或非写实性的设计概念。

2．视觉逻辑性结构的特点

(1) 自由性

与写实逻辑性结构相比，视觉逻辑性结构在镜头素材与剪辑点的选取范围上显得相对宽松自由，不用过分在意对象状态、轴线规律、景别顺序等规律。只要能够清晰准确地传达出设计概念，任何性质的镜头可以采取任何方式的剪辑技巧，自由地进行组接。

(2) 游戏性

正是由于视觉逻辑性结构的自由性，使设计者获得了在写实逻辑性结构中所不可能实现的轻松状态，镜头选择与组接的可能性与可行性得到了极大的扩展，各种看似互不相关的镜头组接在一起产生奇妙的碰撞，可以形成游戏性的视觉感受与心理效应。

（3）深入性

虽然视觉逻辑性结构具有自由游戏的外在形式，让人觉得天马行空、不可思议，但是正是由于它跳出了现实逻辑的框框，对对象的形态与内容进行深入性分析，寻找视觉关系与信息关系上新的可能，因此在信息传递的深度与广度上往往强于写实逻辑性结构，具有含蓄深刻的特性。

3．视觉逻辑性结构的剪辑技巧

我们已经知道视觉逻辑性结构的目的不是建立连贯的时空关系，但是在信息传递上仍然要保持流畅连续。而离开了连贯的时空结构，如何才能保持信息的流畅连续呢？如果仍然固守写实逻辑性结构中的思维模式，我们会发现这是一条死路。此时，应该将剪辑的切入点从专注地寻找运动与方位上的连续性，转换为思考对象在含义、形态与听觉上的联系性。

（1）含义关联

画面中的对象在构成时空关系之前，首先是一个具有实质含义的个体，它可以是抽象的、甜美的、悲伤的、可怜的……观众获得的信息其实真正来源于对对象内在含义的理解。因此，充分地理解单个对象的本意与引申含义，不同对象之间已经存在的与可以挖掘的含义联系，探索其中的融合与冲突，对于剪辑工作甚至创意工作都具有很大的创新与挑战意义。

A．对比

前后镜头中的主体对象在含义上具有逻辑、情感与性质等方面上的明显差异，能够形成反差与矛盾的状态，例如强大与弱小、正义与邪恶、快乐与悲伤等等。通过对比的视觉感知产生情感的碰撞，能够使观众专注于内容的矛盾性，而不再去考虑时空关系是否连续。

B．重复

重复的方式常常作为一个镜头段落中的信息重点，前后镜头中通过不同的角度、视点与方式反复地表现同一个对象、同一种情绪、同一种关系，达到突出对象或强化气氛的作用。在NIKE以“just do it”为主题的推广短片中，虽然所有的画面都发生在毫无关联的时间与空间中，并且表现了各不相同的运动员，但是画面中都弥漫着一种比赛开始前的紧张与凝固感，就是这种不断重复的气氛将不同的时间、空间与人紧密地联系在一起，表达出“just do it”的概念。（图3–3–5）

C.喻示

将主体对象看似没有直接联系的镜头组接在一起，通过人们的解读与联想，形成超越对象本身含义的新的意义，适合抒发情感，表达特定的主题思想。(图 3–3–6)

(2) 视觉关联

视觉逻辑性结构冲出了现实逻辑的限制，使形态、色彩、光影等外在形式可以不再以表现内容为前提，而是作为视觉本身参与到视觉传达中来。

图 3–3–5 重复 (NIKE 广告)

图 3–3–6 喻示 (Really Project 短片)

A.形态呼应

形态特征是对象被观众识别的直观要素之一，它能够迅速地在人的大脑里建立起一个未经思考的感性形象，成为观众对镜头的第一印象。对象的形态表现为两个方面：一方面是单个对象的轮廓与质感，例如圆润、尖锐、高大、微小、粗糙、光滑、湿润、干燥等；另一方面是多个对象形成的结构形态，例如对称、曲线、直线、水平、垂直、放射等。

在前后镜头中利用对象形态上的反差或相似关系形成呼应，可以弱化时空跨度带来的断裂感。对比的形态关系能够形成矛盾刺激的视觉感受，表现出鲜明跳跃的节奏关系；相似的形态关系能够形成和谐统一的视觉感受，表现出流畅自然的节奏关系。（图 3–3–7）

图 3–3–7　相似形态关系（BABY　WEEK 栏目 ID）

B.色彩象征

色彩具有独特的情感象征功能。因此，当对象的含义与形态都没有直接联系，但具有明确的协调或对比色彩关系的镜头组接在一起时，观众仍然能够通过色彩的情感象征功能产生想象。例如蓝色基调的镜头组接在一起时能够产生浪漫、忧郁、悠远的情感引导，黑白基调的镜头组接在一起时能够表现悲伤、萧条、怀旧的情感趋势，橙色基调的镜头组接在一起时会带来欢乐兴奋的心理反应。这种联想可以将观众引入深层次的感性思考，从而减弱对时空关系的理性分析。因此，可以说色彩象征对于视觉逻辑性结构来说既是一种方法，也是信息传递的最后结果。在动感地带的广告中，就是利用了橙色将不同时间与空间中的画面融合在一起，同时也表达出了年轻、活力、大胆的品牌主张。(图 3–3–8)

图 3－3－8　色彩象征（动感地带广告）

C.光影引导

我们在动态光影表现部分提到过"从生理结构上看，当人眼遇到亮度较大的光线时，瞳孔会快速缩小，视觉会出现短时的空白感；反之则瞳孔会快速放大，视觉会出现短时的黑暗感。因此，运用短暂而快速的光线亮度变化，通过巧妙的空白感或黑暗感能够将两个明暗度不同的镜头流畅地衔接在一起。"虽然光影具有一定的情感喻示作用，但是由于它缺乏色彩在情感象征上的丰富性与准确度，不容易让不同时空关系的镜头产生联系，因此光影引导的方式很少单独使用，常常是作为前面几种方式的辅助手段。

(3) 声音节奏

当上述两种以视觉感知为前提的方法都不能实现视觉逻辑性结构中的镜头组接时，视听元素中的另外一类要素——声音成为最后的工具。声音节奏是多种声音属性的综合表现，我们在声音属性部分提到过"广义的节奏是指一段声音中声强、音调、音色以及狭义节奏之间的相互影响与配合而形成的整体听觉状态，能够引发观众在心理节奏上的共鸣。"

因此以音乐或音响的节奏点作为画面组接的剪辑点，可以利用声音节奏在视觉关联与情感引导上的功能，弱化视觉联系不紧密的镜头相组接时产生的生涩感，强化视听关系的相互糅合，最终形成有机整体的视听形象。

思考题：

选择两个写实逻辑性结构与视觉逻辑性结构的数字视频设计作品，从设计对象与设计目的出发，分别对它们的剪辑技巧进行分析。

第四章 数字视频设计的形态与风格

＊ **教学目的**：

在掌握了视听语言要素与剪辑方法的基础上，本章通过对数字视频设计形态与风格的讲解，使学生能够从总体上理解数字视频设计表达的技巧与途径，完成对本课程的整体理解。

＊ **教学重点**：

本章的教学重点并非是对单个概念的讲授，而是融汇前三章的教学内容并进行全面深化。同时，通过大量的实例分析，培养学生能够根据不同的设计对象与设计目的，对多种视听因素进行选择、权衡与调配的综合表达能力。

第一节 数字视频设计的形态

一、单一形态

1. 单一形态的含义

单一形态是指采用一种类别的形态元素进行视觉表现与信息传递的数字视频设计形态。在数字技术产生以前，不同介质中的形态元素由于制作技术的限制，不可能同时存在于同一媒介之中。在传统的制作技术下，若想将动画形象与真实拍摄的影像同置于一个画面中，并且产生语言与动作上的交流互动是一项费时费工且视觉观赏性不高的工作，因此绝大部分的动态影像创作只能以单一形态进行表达。

在数字技术产生以后，整合形态使设计者具有更大的创意实施空间，单一形态在视觉表现上的局限性使其不能满足某些创意表达的需求，因此它一统天下的局面被逐渐打破。虽然如此，由于单一形态在形式表达与信息传递上具有某些不可替代的特点与优势，它在数字视频设计中仍然拥有施展拳脚的空间。

2. 单一形态的特点

（1）视觉统一性

从视觉感知来看，单一形态保持了作品中的形态元素在造型特点与外部质感等方面的一致性，因而具有较强的视觉统一性，容易形成整体风格。

（2）时空写实性

从时空结构来看，当不同时空关系的镜头组接在一起时，单一形态在造型特点、光影关系、画面质感等方面的统一性，使不同的镜头之间容易形成视觉关联与呼应，可以缓解观众因为画面结构变化而对完整时空结构产生的怀疑。因此，相比采用不同形态元素作为内容的镜头，单一形态更容易形成连续性的时空结构，适合表现叙事性与写实性的设计概念。

二、整合形态

1．整合形态的含义

整合形态是指将不同的形态元素同时呈现在一个动态画面当中，并且使之相互产生视觉联系、共同传递信息的数字视频设计形态。整合形态建立在数字技术平台之上，从某种意义上讲是数字视频设计在视觉传达设计领域内的独有形态。由于各种形态元素原本处于不同的媒介之中，来源于不同的思维方式，产生于不同的创作方法，有着各自的视觉个性。因此，整合的含义不仅是外部形态的融合，更重要的是不同艺术形式交叉碰撞带来的艺术语言的整合。

2．整合的意义

（1）创造了无限的创意空间

设计者通过整合形态能够不受约束地解构重组，随心所欲地挪用置换，最大限度地摆脱现实的羁绊，创造无限可能的创意空间。任何匪夷所思、光怪陆离的设计意念在这种形态下都能逐一实现，呈现出超越想象的视觉感受。

（2）引发新的审美观念

整合形态打破了单一的设计表达形式，可以将任何形态元素杂糅在一起，表达不同的情感、愿望、生活乃至信仰。这种只有变量没有常数的设计形态，与当下反对标准化、统一化，崇尚个性化、多样化的文化走向不谋而合，引发了自由随性的新审美观念。

3．整合形态的逻辑结构

内在的结构关系决定着外在的形式表现，整合形态实现的关键是元素内在逻辑关系是否能够合而为一，只有内在的协调才能实现外在的形式整合。因此，整合形态需要一座将意念传达与形式表现相贯通的桥梁，这个桥梁就是使多种元素相互依靠、共同生存的逻辑结构。

（1）主体与环境

所谓“主体”，是指在视觉上起主导作用的元素，“环境”则指主体元素运行的语境，是表现主体的辅助性元素。我们可以从两个层次来阐述二者的关系。

一般的主体与环境是指“主体与背景”的关系，即一种简单的前后景关系。通过环境元素在质感、色彩、运动上与主体元素形成一定的视觉联系，并通过平衡协调与对比的形式关系区分画面的层次关系，突出主体形象。（图4–1–1）

图 4—1—1　主体与背景（3FM 推广片）

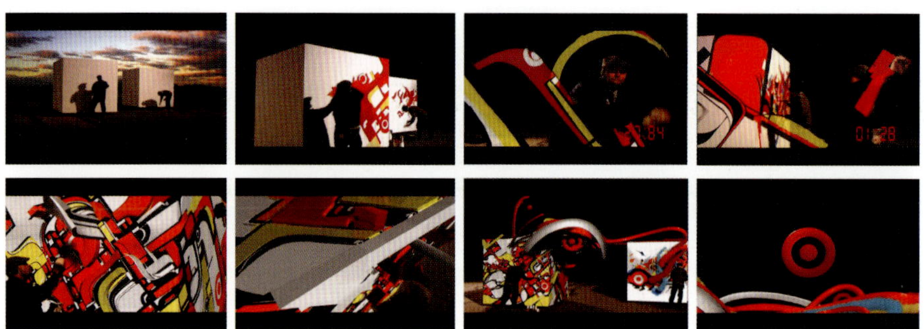
图 4—1—2　执行与感应（TARGET 形象推广片）

高一级的主体与环境是指“执行与感应”的关系，与“主体与背景”相比，“执行与感应”的结构形态加入了行为的成分。主体的运动行为可以引发环境状态的改变，或者环境的变化可以引起主体的反应，二者互为存在、相互影响，从而使二者所处的不同的时空结构对接起来，引发独特的视觉与心理体验。（图 4—1—2）

图 4—1—3　内容与载体（《SOPRANOS》第五季　推广短片）

图 4—1—4　解释描述（UPN 形象推广片）

（2）内容与载体

内容与载体的结构是一种包含与被包含的关系。不同时空中的形态元素可以互为具有承载功能的形体进行整合，例如实拍场景可以存在于数字虚拟图像形成的画框中，成为虚拟场景的一部分；逐帧动画也可以存在于实拍的书页上，成为现实场景的一部分。这种通过形体结构关系实现的整合形态与现实生活中的形态关系既有视觉上的相似性，又有形态关系上的创新性，并且可以达到整体统一的画面效果，容易被观众所接受。（图 4—1—3）

（3）解释描述

在数字视频设计的形态元素中，有一个比较特殊的类别——文字，它不仅能够作为图形符号，并且具有文字本身的解释描述功能。因此，可以利用文字的这一功能弥补影像、图形、动画等元素在信息传递准确性上的缺陷，自然而然也就在视觉形式上与这些形态元素形成联系。（图 4—1—4）

4．整合形态的形式方法

（1） 利用画面属性形成整合

从视觉残留的原理上讲，数字视频设计是一个持续播放着的图像组合体。构成这个组合体的每一单元都是一个相对独立的、完整的画面，受到形态、色彩、空间等属性的控制，因此我们可以从以下几个方面寻求整合形态的形式方法。

A.形态

形态相似是指利用不同元素在造型特征上的一致性，通过重复或重叠的形式实现整合，达到突出形象的目的。在FINE LIVING公司形象推广短片中，设计师选取了汽车、家居、运动、工作、交通等生活中的典型形象，将影像与图形运用形象重复的整合方式，产生了虚实交叠的视觉感受，突出了fine living（美好生活）的理念。（图4—1—5）

形态特异是构成方法中的一种常见形式，是在相同的大多数形体中出现的特殊状态，是个性与共性形成的对比，能够使不同形态元素在造型、体积、质感等方面呈现出既有联系又有区别的视觉关系，突出主要元素，形成视觉焦点，从而实现对画面的整体控制。（图4—1—6）

形态同构，是指两种不同的形态通过巧妙的联系组合产生一种全新的视觉形态或意识观念，实拍影像与数字虚拟影像通过同构的方式超越了单一影像表现的形态与意境，最终实现整合。在微软中国的形象推广片中，实拍的小学生与二维图形通过共构的关系组成了象征文明与发展的画面，传达出开启信息之门的品牌理念。（图4—1—7）

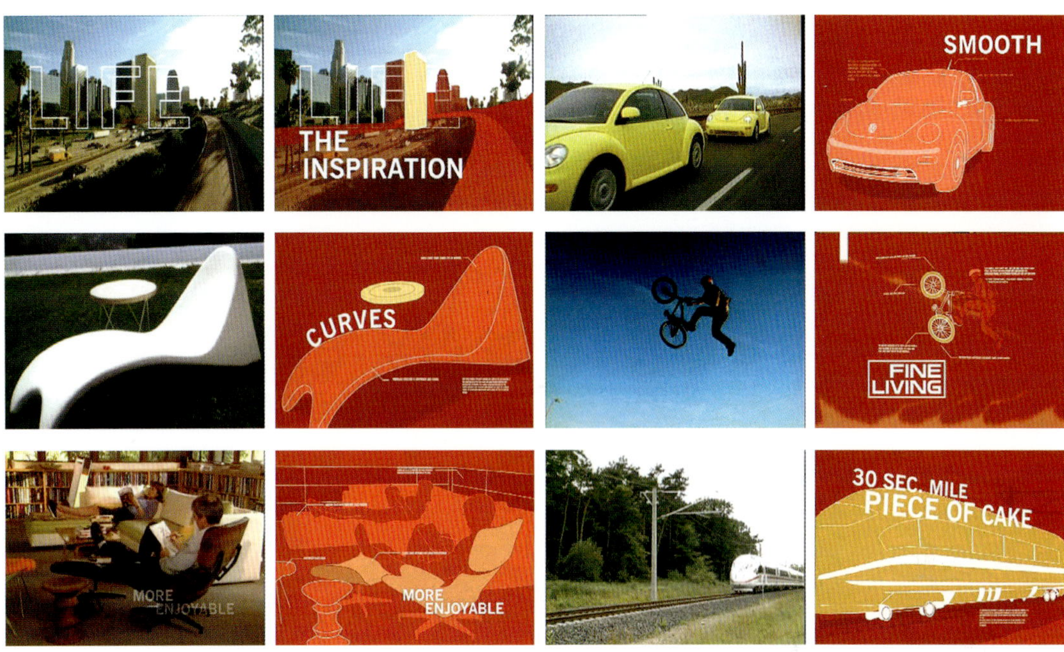

图 4－1－5　形态相似（FINE　LIVING 形象推广短片）

图 4－1－6　形态特异（ORACLE 形象推广片）

图 4－1－7　形态同构（微软中国形象推广片）

B. 色彩

形态与色彩相互依靠、不可分离，形态作为色彩的载体是色彩存在的必要条件，合理巧妙的色彩运用也能够帮助形态的塑造。运用色彩明度、色相、纯度上的对比与协调关系，能够放大或者缩小多种形态元素的状态差异，通过强调或者弱化的视觉作用实现整合。在 INDEPENDENT SPIRIT AWARDS 的推广短片中，实拍的人物与粗细不一的虚拟线条，利用色彩明度、色相、纯度上的对比协调进行穿插，形成一种绚烂的色彩基调，体现了电影的光影感。(图 4—1—8)

C. 空间

空间是指画面中个体元素之间相互联系的整体方位关系，是控制形式整体性的关键。多种形态元素可以利用空间中的前后、疏密、虚实等关系，通过空间关系的对比与协调成为整体。在下面的短片中，运用虚化的实拍人形与清晰的虚拟图形强化虚实关系，进行各种巧妙的构成组合，强化了二者的形态呼应。(图 4—1—9)

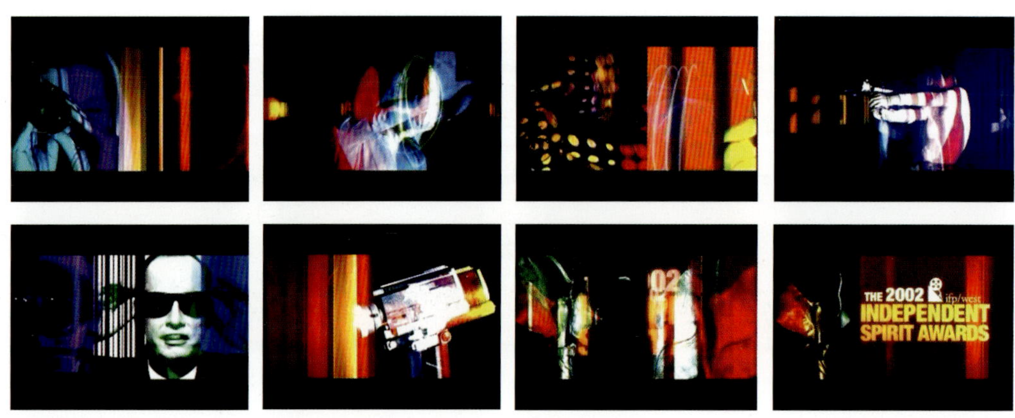

图 4—1—8 色彩整合（INDEPENDENT SPIRIT AWARDS 推广片）

图 4—1—9 空间关系整合

（2）利用运动形成整合

A.对象运动

对象运动是指画面中元素自身的运动行为，是物体状态的重要指示工具，能够直观地表现元素与元素之间的关系。因此各种形态元素可以通过制造运动之间的关联性，形成视觉的一体化。

利用同步运动形成整合

同步运动是指对象B紧接对象A的位移轨迹进行的运动，是对象A的主导性体现。由于在画面中二者具有方向上的同一性，相同的运动感受被延续，具有重复的形式特点。因此，通过同步运动完成的整合显得自然、协调、流畅。在Diet Coke的广告中，男主角打开可乐拉罐的瞬间，无数的气泡（数字虚拟图像）一跃而出，跟着音乐的节拍不停跳动，随着男主角的步伐穿过大街小巷。整个短片充满了欢乐与动感，巧妙而形象地展现了健康活力。（图4—1—10）

利用指示运动形成整合

指示运动是指对象A的运动行为引发对象B的状态产生改变，是“执行与感应”逻辑结构的外在表现。通过这种内在的感应关系可以使不同的形态元素在视觉形式上完全融合。在HBO的形象推广片中，画面正中的男士打开遥控器，蓝色的电波一触即发，伴随着HBO的辅助图形（牵连的方形）迎面而来，HBO的标志以及各个频道的名称逐渐清晰突现。通过实拍人物对数字虚拟图形的指示运动，体现了HBO便捷的收看方式、多元的节目内容。（图4—1—11）

图4—1—10 同步运动（Diet Coke广告）

图4—1—11 指示运动（HBO频道ID）

图 4－1－12　拉镜头整合（CN8 电视频道 ID）

图 4－1－13　跟镜头整合（NBA 推广片）

图 4－1－14　声音整合（FUSE 唱片公司形象短片）

B. 镜头运动

镜头运动独立于事件运动之外，不同的镜头有着不同的表现特性，利用这些特性能够帮助多种形态元素实现整合。

推镜头与拉镜头都可以表现出强烈的纵深感、空间感，在运动的过程中不断有其他元素进入或破出画面，多种形态元素可以通过这个契机完成形式整合。在 CN8 的电视频道形象视频设计中，连续利用三个拉镜头，将人物、台标、背景线条相整合，产生了强烈的空间感与节奏感。（图 4—1—12）

跟镜头不仅能够更全面地阐述对象与周围环境的关系，而且能带给观者如临现场一般的兴奋感。通过镜头在场景里的游走，可以使各种形态元素的整合显得和谐自然。如 DirecTV 对 NBA 赛事的推广短片，运用跟随篮球运动节奏进行的镜头运动，将实拍影像与虚拟图形巧妙地串联起来，表现出篮球运动的节奏感与速度感。（图 4—1—13）

另外，横移镜头由于其二维的运动方式规避了各种形态元素在体积与空间结构上的矛盾，有利于连贯地将多种形象交织在一起，可以表现出更为自然、生动的真实感和现场感。

(3) 通过声音配合形成整合

由于不同形态元素在造型、体积、质感等方面的差异，单纯的视觉形式在某些时候不能完全满足整合设计的要求。此时可以通过声音的运用引导情绪、烘托气氛，调和各种元素的视觉形式矛盾，利用声画印证的特性实现整合。

在 FUSE 唱片公司的形象宣传中，就运用了声音塑形作用很好地塑造出公司的形象。画面中安静的房间里，女孩带上耳机躺上沙发，地板上的木条突然开始向上卷曲（数字虚拟动画），木条的曲线形成了 Fuse 的字母组合。这是一个非常好的创意，但是单纯的影像会让出其不意变得生涩突兀。于是设计者在木条卷曲的同时插入了“嘎吱嘎吱”的声响，并使之成为音乐旋律的组成部分。整个短片视听元素浑然一体，巧妙地体现出 FUSE 公司创新至上的音乐宗旨。（图 4—1—14）

思考题：

选择一个整合形态的数字视频设计作品，从作品的设计对象与设计目的出发，针对整合的逻辑结构与形式方法进行分析。

第二节 数字视频设计的视听风格

一、视听风格的含义

视听风格是指数字视频设计作品在视觉与听觉上呈现出的具有代表性的整体面貌，是内容与视听形式的统一表现。视听风格是否恰当、统一是决定信息传递成功与否的重要指标。总体来看，视听风格的形成主要由两个大的方面所决定，一方面是设计者对设计对象的理解与定位，另一方面是在前者的基础上进行的视听表现。由于本书以视听表达为主要内容，因此我们暂且避开设计的前期定位工作，只着重探讨影响视听风格的形式因素。

二、影响视听风格的形式因素

1．一致的元素形态

物象元素是视觉词汇中最直观的信息传递途径，是最容易影响数字视频设计风格的因素。物象元素风格由形状、结构、质地等视觉属性决定，通过运用相同或者相似的视觉属性可以获得一致的造型风格，形成前后呼应的视觉关系，有利于打造出视觉识别符号，强化设计的记忆度。

2．整体的色彩与光影基调

色彩与光影具有其他视觉元素不具备的情感象征功能，这使得色彩的色相、明暗、饱和度与光影的明暗、软硬关系的细微变化都会引导作品的情感变化，从而也就影响了设计的整体走向。

因此，为了获得整体协调的视觉风格，在色彩规划上应根据信息特点选择具有支配性的主色，使其贯穿整个作品，在此基础上选择次要色彩进行丰富和衬托。在光影控制上同样要依据主题特点确定整体影调，使整个作品保持在较为一致的光影关系之中。

3．主要的运动方式

运动是数字视频设计相对独特的形式手法，运动的轨迹与速度的变化会形成不同的运动方式，影响视觉信息的感知习惯，运动方式是影响设计风格的重要因素。通过有规律地、反复地使用某种运动轨迹与速度可以形成主要运动方式，造成视觉惯性，并成为视觉识别的符号之一。

4．统一的声音形态

在声音的属性中，音色决定声音的性格，音调变化决定声音的情绪，节奏关系决定声音的面貌。因此，声音属性的整体状况决定了声音形态。但是由于听觉信息的抽象性，特别是对于信息识别度要求较高的数字视频设计而言，声音形态必须保持较高的稳定性才能形成一定的识别度。因此，只有利用相对稳定的音色、有规律性的音调变化、相互呼应的节奏关系才能形成统一的声音形态。这是除去视觉识别符号以外最重要的信息识别符号。

5．一致的剪辑方法

以上四种因素是影响数字视频设计视听风格的单项形式因素，它们是设计表现的元件，而剪辑方法是将这些因素串接起来，并形成完整含义的关节点，对于信息表达与视听风格有着结构性的作用。因此，一致的剪辑方法能够统一元素、色彩、光影、运动方式与整体场景的转换与变化，形成整体的形式结构，有利于建立连贯流畅的视听信息。

6．协调的节奏关系

节奏并非是单纯的视听元素，它是视觉元素的运动变化、听觉元素的旋律变化与剪辑变化形成的综合视听印象，决定了作品的整体情绪基调。在设计作品中，应该根据设计对象的特点，对这三方面的速度与频率设定出恰当的、相互契合的整体变化，形成统一协调的节奏关系，使作品中的视听元素能够在一个整体的基调中传递信息。

三、数字视频设计视听风格的实例分析

数字视频设计是一个多元复杂的设计门类，可以容纳并借助电影、插图、动画、图形创意、文字编排、声音创意等等多种艺术与设计形式，要分门别类地归纳出它的设计风格，是对数字视频设计开放性创意与表达的约束，并非明智之举。因此，对于视听风格的掌握不是通过概念性的记忆，而应该是在对以上六个影响视听风格的形式因素充分理解的基础上，根据不同的设计对象与信息传达目的，对这六种因素进行选择、权衡与调配。只有进行针对性的设计表达，才能形成恰当的、独特的视听风格。

1.MTV 48 FEST Event Film （48 小时影片比赛宣传片）

2006 多伦多艾滋病大会上MTV′s Staying Alive 举办了一次独具匠心的电影赛事——“48 小时影片比赛”。参赛者对将被指定的影片主题一无所知，他们只知道要拍摄的短片必须能够有效地强化人们对 HIV 和艾滋病的防范意识，并且必须在两天时间内完成影片的编剧、摄制和剪辑。因此在这个活动的推广短片中“48 小时”、“电影”与“艾滋病”成为设计的核心信息。

设计者为了突出这三个核心信息，将数字“1”到“48”的快速变化作为贯穿整个作品的引导性视觉元素，起到强调时间紧迫的作用，摄像机与安全套作为辅助符号多次穿插其中，形成了清晰而连贯的信息线索。在视听表现上，以抽象的剪影造型为整体的元素风格，轻松而充满想象力；以单纯的红与蓝为主色，黑白黄为辅色，色彩基调整体明快；以计时器的嘀嘀声作为音乐的贯穿性符号，强调时间的紧迫性；多次利用相似形态进行镜头组接，突出了图形的趣味性。整个设计中各种形式因素相互协调配合，节奏轻快活泼，视听风格统一而不失俏皮，与“48 小时影片比赛”强调创意娱乐的特性非常贴切。(图 4—2—1)

图 4—2—1 MTV 48 FEST Event film 宣传片

9
10
HIV...
4
16
25
8
FILMS
27
28
ONE
WINNER
33
47
48
FEST
staying-alive.org

2.HP 笔记本电脑广告（THE COMPUTER IS PERSONAL AGAIN）

在HP笔记本电脑“HANDS”系列广告中，每一条都由一位明星出演，但“露脸”的只有他们的手。下面这条广告中的明星是拥有数十亿美元身家的知名网络业投资人、NBA达拉斯小牛队老板——Mark Cuban。广告中的人物是实拍影像，而不断出现的文件夹、照片、播放器、信件、数据表与可以像篮球一样旋转的Email地址全部是数字虚拟图像。二者通过手部的动作，配合Mark Cuban生动的讲述，利用执行与感应的整合结构，同步的声画关系完美地融为一体。整个作品摒弃了剪辑手段，没有场景变化，完全依靠手部动作与数字虚拟图像运动的密切配合来实现信息的转换与传达，通过直观而神奇的画面变化表现出HP笔记本电脑为人们带来的精彩便利生活，游离于真实与幻觉之间的视觉感受让人过目不忘。（图4—2—2）

图4—2—2　HP笔记本电脑广告

3. Channel[V]情人节短片

Channel[V]的情人节短片为那些爱情失意者提供了“爱情十八招”：欲擒故纵、近水楼台、油嘴滑舌……幽默地表达了希望有情人终成眷属的美好祝愿。短片中的人物形象全部用照片进行电脑后期处理，与手绘元素、手写汉字统一形成活泼的插画风格，并配合调侃的男声旁白。镜头状态不稳定，剪辑速度快、频率高，利用特写镜头或遮挡物进行有趣味的镜头组接。视听风格俏皮而不失整体，恰当地呼应了Channel[V]的娱乐主张与情人节的轻松气氛。（图4—2—3）

图4—2—3 Channel[V]情人节短片

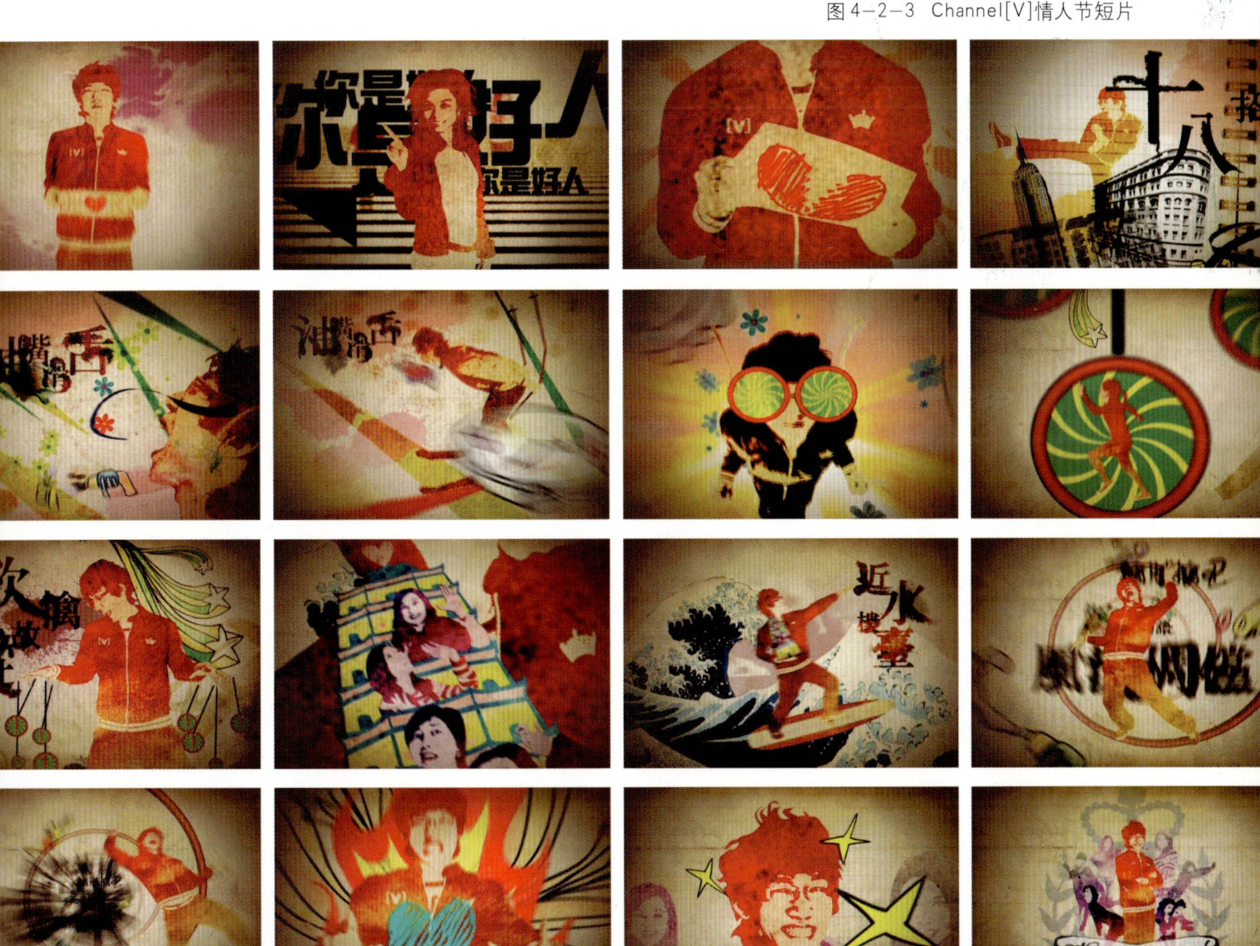

后 记

正如在前言中所提到的，数字视频设计是一个发展中的设计类别，它的内涵与外延都处于不稳定的状态，其表达语言、方法与形态风格都具有继续扩展的空间与不断变化的可能。或许当这本书面世时，书中的案例甚至观点已经变得不合时宜，这对于一本书的出版是一种遗憾，但从另一个层面来看，这也恰恰彰显了数字视频设计的生命力。

笔者从研究生阶段开始涉足数字视频设计，可能是由于本科学习平面设计专业的缘故，对这个设计领域多了一份特别的感悟，加之几年来的设计实践与粗浅研究，以及走上教师岗位后的几分体会，激发了我对这个设计方向进一步的偏爱与思考。时值"数字媒体艺术设计系列教材"开编，让我有机会将心中所思梳理成书，深感欣慰。本书的写作要特别感谢我的老师四川美术学院罗力教授的鼓励与帮助，以及西南师范大学出版社的大力支持。

书中选取了大量国外的优秀设计作品，部分作品已无法查寻来源或无法联系出版商，因此不能一一标注，不妥之处，敬请谅解。

主要参考文献：

SPENCER DRATE DAVID ROBBINS JUDITH SALAVETZ. MOTION BY DESIGN. LAURENCE KING PUBLISHING，2006
（美）赫伯特 泽特尔 著. 图像 声音 运动：实用媒体美学. 北京：北京广播学院出版社，2003
赵智 彭文中 编著. 影像解读. 长沙：湖南人民出版社，2006
曹方 主编. 视觉传达设计原理. 南昌：江西美术出版社，2005
邵清风、李骏、俞洁、彭骄雪 著. 视听语言. 北京：中国传媒大学出版社，2007
卢峰 编著. 数字视频设计与制作技术. 北京：清华大学出版社，2006
周传基 著. 电影 电视 广播中的声音. 北京：中国电影出版社，1991
张菁、关玲 著. 影视视听语言. 北京：中国传媒大学出版社，2008
（美）索南夏因 著. 声音设计：电影中语言、音乐和音响的表现力. 杭州：浙江大学出版社，2007
傅正义 著. 电影电视剪辑学. 北京：北京广播学院出版社，2002